草原と都市

変わりゆくモンゴル

Монгол Улс

石井祥子
鈴木康弘
稲村哲也
編著

風媒社

草の海（ドンドゴビ県北部）

キャラバン隊がさしかかると、ゲルからお茶を持った一人の少女が駆け寄った

ゴビのラクダ

ツァータンのテント

トナカイに騎乗する
ツァータンの家族

カザフの一家
(バヤンウルギー県)

バヤンウルギー県の
モスク

イヌワシとカザフ

ウランバートル中心部スフバートル広場を望む（1950 年代）

ガンダン寺から第 3・4 地区を望む（1970 年代）

ウランバートル市内（1993 年）

ウランバートルのゲル地区（2013 年）

ウランバートル
市街地を西から
望む（2009 年）

仏塔を中心に建設が始まった新拠点イフ・マイダル（2013 年）

組み立て中の仏像

日本の援助により
完成した「太陽橋」

1905 年に起きたブルナイ地震の痕跡
断層沿いにできた池で水を飲む馬たち

寒さを避けて冬は森林に暮らす（ボルガン県にて森永由紀撮影）

モンゴル国立大学におけるレジリエンス共同研究センター
プレオープンシンポジウムで講演するバトトルガ教授（2014 年）

目次

草原と都市

変わりゆくモンゴル

第3章 遊牧の国の首都ウランバートル

プロローグ――悠久のモンゴル、激動のモンゴル

モンゴルは「草原に暮らす遊牧民の国」であり、雄大な自然の中で人びとは大らかに暮らしていると、多くの日本人は思い描いていることでしょう。そして私たちが失ってしまった何かをモンゴルに追い求めるのかもしれません。

多くの日本人にとって、モンゴルと聞いてまず思い浮かべるのは「遊牧民」や「草原」でしょう。そして「白鵬」、「朝青龍」、「チンギス・ハーン」、「ゲル（移動式の住居）」……。ひとたびモンゴルを訪れると、水道も電気も通わない草原で、遊牧民たちが家畜と共に移動しながら暮らしているのを目の当たりにして、日本人の生活スタイルとまったく違うことに驚きます。それなのに顔立ちは似ていて、初めて会った気がしない。そんなギャップが私たちを惹きつけるのかもしれません。

多くの作家も、モンゴルに魅せられて名作を残しました。私たちにはそうした作品を通した印象も強いと思います。司馬遼太郎が『モンゴル紀行』に描いたのは1970年代、開高健が「幻の魚」イトウを釣りに行ったのは1980年代後半。その頃モンゴルは社会主義国でした。

1990年以降、モンゴルは民主化され、激動期を迎えます。しかしその中で今も変わらな

写真１　左から稲村哲也、石井祥子、鈴木康弘（モンゴル西部ホブドにて、2000年）

いものもあります。変わるものは目につくのに対して、変わらないものは目立ちませんが、人びとの心の中に「変わらない何か」があると感じられます。２０１５年の時点で、モンゴルの現状を記録して、モンゴルの将来像に思いを馳せたい……、そんな思いから私たちは本書の執筆を始めました。

　東日本大震災で打ちのめされた日本人は、レジリンスの重要性に気づき始めました。レジリエンスとは、古来より伝えられてきた知恵や伝統の中にある、災害を乗り越える「しなやかさ」ととらえることもできます。自然はときに人間に対して厳しく、人間はそれを完全に克服することはできません。そのため、防災や減災にも限界があって、真っ向から災害に備えるような対策だけでなく、「人間の絆」や「社会システム」でカバーするることが大切ではないか。

　このような視点で考えたとき、今、急激な変化を遂げつつあるモンゴルはどうか。私たちは長年、文化人類学や自然地理学の研究のためにモンゴルへ通い、変わりつつあるモンゴルを見てきました（写真１）。そしてモンゴルの多くの友人たちと一緒に、発展するモンゴルを喜び、ときに急激に変わりすぎることへの心配もしてきました。これからのことを一緒に考えようという話が盛り上がり、モンゴル国立大学と名古屋大学はレジリエンス共同研究センターを立ち上げたいと思うようになりました。本書が、モンゴルのレジリエンスを考えるための入門書になればと願っています。

本書で紹介するモンゴルの話題は、大自然の恵みと災害に始まり、遊牧地域と都市の変化と現状、マイノリティ社会の状況までを扱っています。モンゴルの文化や歴史についてはこれまで多くの書籍に著されてきましたが、都市やマイノリティの社会については、あまり詳しく紹介されてきませんでした。自然についても、自然環境の変動や災害という視点から掘り起こしたものはほとんどありません。

モンゴルは1990年に民主主義・市場経済に転換し、1992年に民主憲法を制定して「モンゴル国」と国名を変更し、正式に社会主義を放棄しました。2003年からは土地私有化が始まって首都への一極集中が進み、2010年代以降は、地下資源開発による好調な経済状況の中で、新国際空港や高速道路が建設されるなど、都市開発が加速化しています。ウランバートルでは、10年前には市内のどこからでも南方のボグドハン山が見えていましたが、今はすっかりビルに隠れ、空も狭くなりました。過密化に伴う交通問題や大気汚染問題は深刻化し、急激に膨張した首都は、地震や水害をはじめとする自然災害に対する脆弱性を高めています。こうした問題を抱える中で、先進国の例にならった都市再開発が進められつつあります。

遊牧民的な気質や生活様式は、モンゴル型レジリエンスの原点です。その柔軟なたくましさは、さまざまな災害や社会状況の変化にも対応できる潜在力を持っているに違いありません。遊牧民は今でも季節ごとに移動し、五種類の家畜を飼養する伝統を守っています。都市住民にとってもゲルは身近で、都市の中でゲルを張って暮らしている人もいます。また多くの人が、休日を親戚や知り合いの遊牧民のゲルで過ごします。

「遊牧」ということばの響きには、何者にも支配されず、自由に悠々と人生を送っているというイメージを抱きます。しかし、厳しい大自然の中で生活するためには、そこで生き抜くための知恵と日々のたゆまぬ努力と家族の団結が必要です。これが、モンゴルにおいて「変わらないもの」であり、レジリエンスの根幹なのでしょう。

モンゴルは、民主化・市場経済化して今年（２０１５年）で25年目を迎えます。私たちはモンゴルのさまざまな人びとに支えられて、これまで研究をおこなってきました。お世話になった方々への恩返しを込めて、モンゴル人の幸福を願う気持ちから、モンゴルのレジリエンスを考えたいと思います。

編者一同

第1章 モンゴルとはどのような国か

鈴木康弘

空路モンゴルへ

日本から飛行機でモンゴルへ向かうと、東シナ海上空を越え、やがてアジア大陸の上空に至ります。北京を過ぎた頃から、地上の景色は山また山……。いよいよ大陸奥地へ進むという実感が湧いてきます（図1）。

北京市から200㎞ほど北へ進むと、かつて中国の領土を北方騎馬民族の侵入から守った「万里の長城」を越えます。万里の長城は何列もありますが、越えるたびに地上の緑は消え、やがて黄土色になっていきます。こうして内モンゴル自治区のゴビ沙漠に至ります。「ゴビ」とは「草が少なく乾燥した土地」を意味するモンゴル語です。

「水が少なく（沙）、水が莫（な）いという意味だから、『沙漠』が正しく、『砂漠』は日本人の誤記だ」と昔、地理学教室で習ったことが思い出されました。上空からゴビの詳しい様子はわかりませんが、内陸であるがために湿潤な空気が届かず、乾ききった大地が延々と広がります。いくらか起伏はあるものの、標高1000m以上のほぼ平坦な地形が続き、内モンゴル自治区のゴビは北に向かって次第に標高を下げていきます（図2）。

内モンゴル自治区を300㎞くらい進むと、中国とモンゴルの国境があります。ゴビの標高は、国境から北に200㎞付近のサインシャンド付近では800mくらいまで下がります。このあたりには、もし乾燥していなければ大河が北東へ向かって流れていたかもしれません。現

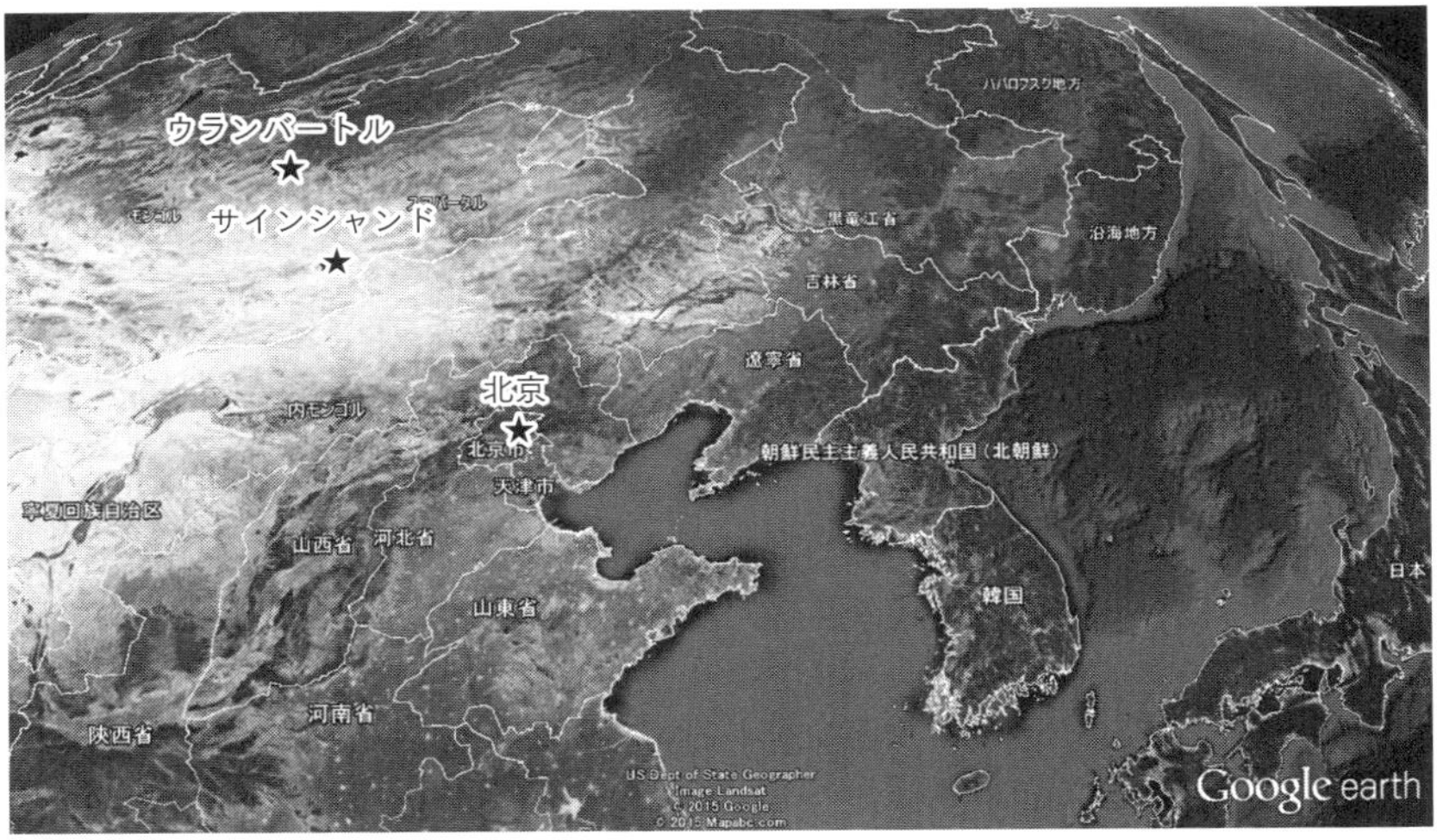

図1　日本からモンゴルへ（Google Earth）

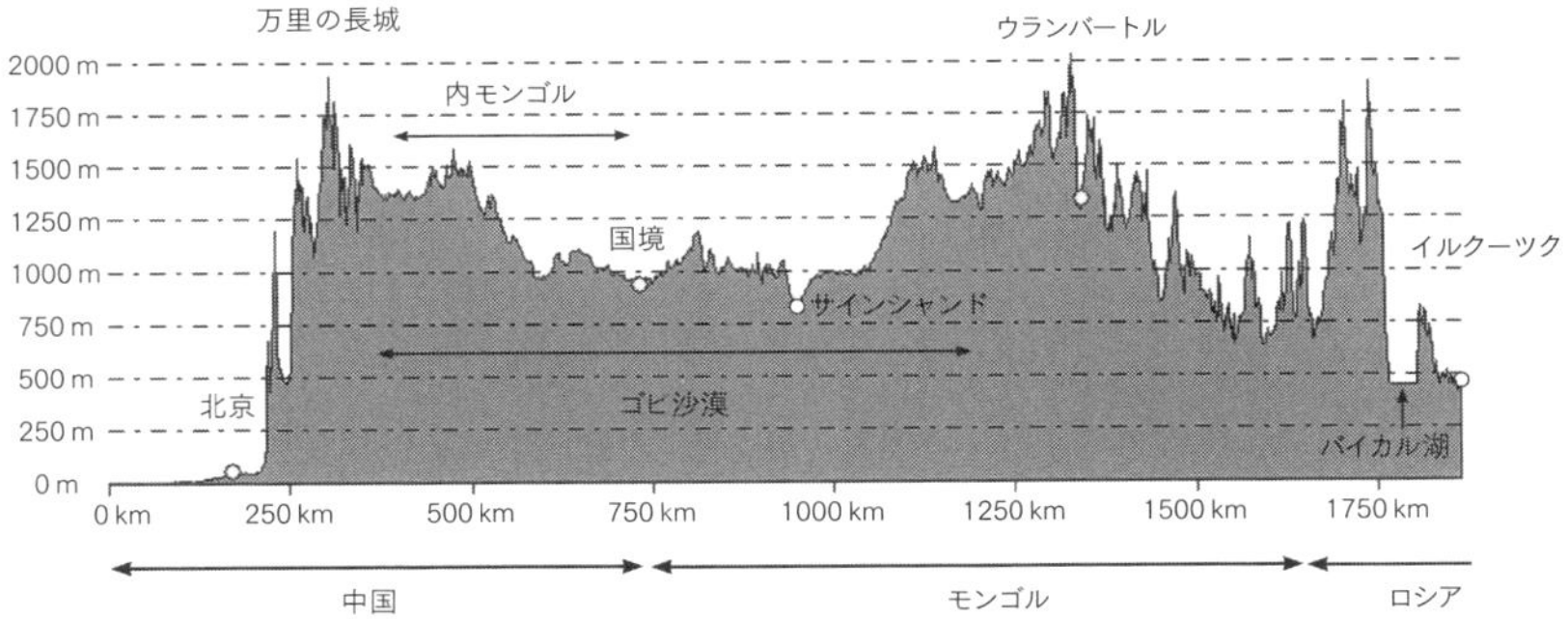

図2　北京〜ウランバートル〜イルクーツク間の地形断面図

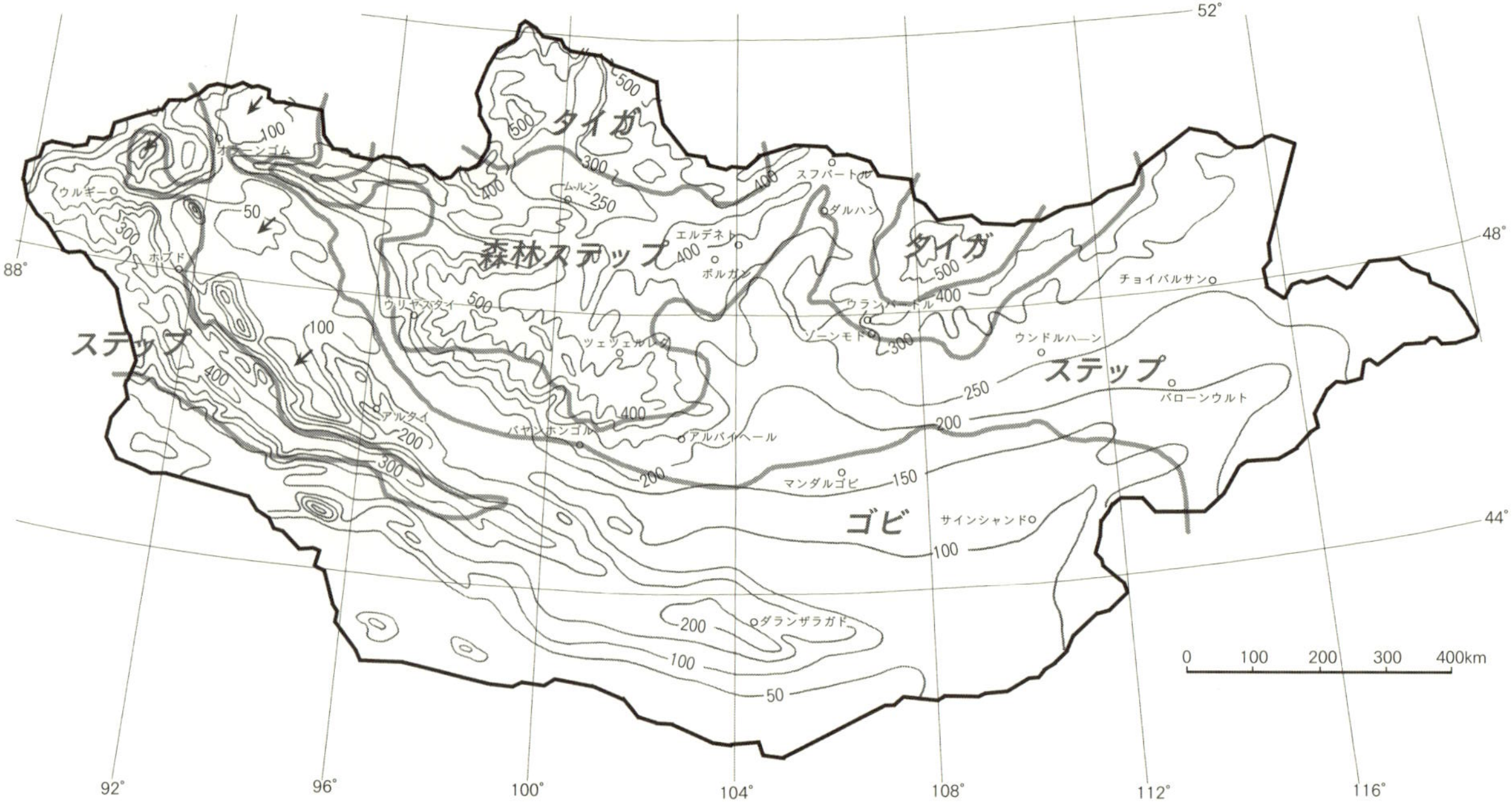

図3　モンゴルの降水量分布と植生（GEOGRAPHIC ATLAS OF MONGOLIA を簡略化）
原著ではゴビの南半分は Desert と表記されている。

在の年降水量は１００㎜以下という厳しい乾燥地帯で、夏にわずかに草が生える程度の荒涼とした大地です（図３）。

景色に大きな変化はありませんが、航路はちょうど、北京から大同を経てモンゴルへと続く鉄路の上空です。もしも列車で旅をすれば、少しずつ景観が変わることを感じられるのでしょう。

写真１　空港付近から眺めるウランバートル市

標高は少しずつ北へ向かって上がっていきます。そして年間の降水量も１５０㎜、２００㎜、２５０㎜と少しずつ上がり、草の密度も増えていきます。図３の降水量図に描かれている降水量１５０㎜のライン（マンダルゴビ付近）より南は概ねゴビで、これより北は草原（ステップ）です。

モンゴル国境から５００㎞くらい北上すると、そろそろウランバートルです。このあたりは標高１３００m以上あり、山の北側斜面に針葉樹がまばらに生えるようになります。そこは太陽光に照らされず、永久凍土が残るため、融水が樹木を潤しているのです。

窓の下には草色の大地が広がります。椎名誠が「草の海」と称したほど豊かな緑には見えませんが、なだらかな大地が延々と続いています。

大自然の大地の中に、少しずつ建物が見えてきたかと思うと、やがて大きな町が見えてきました。これがモンゴルの首都ウランバートルです（写真1）。

モンゴルの第一印象

私が初めてモンゴルを訪れたのは1998年の夏でした。そのときのフィールドノートに、モンゴルの第一印象が旅行記風に次のように記されています。

「……モンゴルを舞台とした歴史の本を読みふけりながら、ふと飛行機の窓の外を見ると、夕日に照らされた緑の大地が飛び込んできた。その大地はまるで緑色のビロードの絨毯のようで、ところどころ緩やかな起伏の山がある。緑色は濃くなく薄くなく品の良い若草色。その中に、茶色のクレヨンで落書きしたような直線的な道路が地平線のかなたまで続いている。そしてビロードの絨毯の上には真っ白な、まるでUFOのような丸いものが見える。『あー、あれが遊牧民の住むゲルかぁ！』。それは2～3個ずつ集まって広野の中に点在している。まさに大自然の中に暮らしているという、そのスケールの大きさ。そしてその色彩の美しさ。窓の外の景色に釘付けになり、二度と歴史書に目をもどすことはなかった。

機体はやがて緩やかに右に旋回し、ウランバートル国際空港に滑り込んだ。滑走路のまわりにも、まるで芝を敷き詰めたかのような草原が広がり、吹き渡る風に草がそよいでいる。操機場にはロシア製のアントノフ24など、モンゴル航空のプロペラ機が6～7台並べられている。

夕方のやわらかな日差しに照らされてかわいらしく見える。

飛行機からタラップで地上へ降りると、一瞬、草の香りに包まれた。最初は気のせいかと思ったが、確かにほんのりとその香りが漂っている。『草原の国』に来たんだ！……『モンゴル』という国には心惹かれるものがあって密かに期待していたのだが、モンゴルに初めて降り立ったときの第一印象は、想像を超える魅力に満ちていた。

どことなくフレンドリーな入国審査のゲートをくぐり、外に出ると、出迎えの人並みの中に、一足先にモンゴルへ来ていた調査隊長の稲村哲也さんと、数人のモンゴル人の笑顔があった。モンゴルの人たちの風貌は一見日本人そっくり。笑顔の中に、少しはにかんだ表情を見せるところも日本人に似ていて、まるで古い友人に会ったような懐かしさがある。彼らの温かいもてなしは、着陸直後の感動に決して水を差さなかった。……」

１９９８年は文化人類学者の稲村さんのほか、米本昌平さん（科学史・科学論）、古川彰さん（環境社会学）、結城史隆さん（文化人類学）、土屋和三さん（植物生態学）、駿河輝和さん（経済学）、川口彰義さん（教育学）、岩田修二さん（自然地理学）と一緒でした。ウランバートルからジープを4～5台連ねて、北へ半日かけて金の露天掘り鉱山を見に行ったり、また別の日には南へ夜通し走ってゴビへ行ったりしました。どこへ行ってもゲルに立ち寄り、突然行ったにもかかわらず馬乳酒で歓待してもらいました。結城さんと古川さんは遊牧民の子どもたちとすぐに仲良しになります。そのうち、相撲を取ろうということになって、私も野原に転がりました。

写真２　雨が十分降った夏に歓喜する家畜たち

私にとって最も印象深かったのは「草の香り」でした。植物学者の土屋さんはどこへ行っても、一日中、野に咲く花や草を採集して、夜になるとゲルの片隅で押し花を作っていました。その中に、空港で私を包んだ香りのする草もあり、ヨモギ科の植物だと教えてもらいました。「モンゴルでは外来種をほとんど見かけない」という魅力的な話も聞きました。

この後、モンゴルへ私は何度も行きましたが、ずっと長い間、空港で草の芳香を嗅ぐことができませんでした。空港が近代化してタラップがなくなったせいか、到着時刻や季節の微妙な違いのせいか、筆者自身の感性が衰えたのか、はたまた、あのときの記憶は夢だったのか……。だんだん記憶に自信がなくなってきました。

しかし２０１３年の夏に訪れたとき、夕方の空港ターミナルビルを出ると、懐かしいあの芳香に再び包まれました。この年は雨が多かったためのようです。草原も青々として、ウマやヒツジもよく育ち、水浴びをする姿は喜びに満ちていました（写真２）。遊牧民たちもいつもにまして穏やかな笑顔をしているように見えました。

ウランバートルの年間降水量は約２５０㎜。気温が低いために乾ききらずに済んでいますが、この降水量は沙漠並みです。いわばギリギリのところにあるとも言えます。７月の平均気温は摂氏15度、1月の平均気温はマイナス25度と季節変化が激しく、また年ごとに変動します。人間は自然の変化に敏感になり、自然そのものに対して謙虚にならざるを得ません。

モンゴルの歴史は次章に譲ることにして、ここではもう少し詳しくモンゴルの地理についてお話しすることにします。

多彩な自然とその恵み

モンゴルは北緯41度35分〜52度6分、東経87度47分〜119度57秒にあります。国土は東西に細長いそろばんのコマのような形で、北はロシア、南は中国と国境を接しています。西にはカザフスタンがありますが、直接国境は接しておらず、100㎞近く離れています。

地形は、西部と北部に山岳地帯が多く、東部は比較的平坦です。山岳地帯は、西部および南部の国境沿いに走るアルタイ山脈、モンゴル中央部に位置するハンガイ山脈、ウランバートル付近からさらに東に続くヘンティ山脈に分かれています（図4、図5）。

このうち最も標高が高いのはアルタイ山脈で、全長は1800㎞に及び、西部をモンゴル・アルタイ山脈、東部をゴビ・アルタイ山脈と呼び分けています。モンゴル・アルタイ山脈の標高は西端付近で最も高くフイテン山（4374m）、タワン・ボクド山（4082m）などが聳え、そこには全長20㎞にも及ぶ氷河もあります（図6）。ゴビ・アルタイ山脈はやや標高が低く、イフ・ボクド山（3957m）、バガ・ボクド山（3590m）などのピークが、50㎞以上

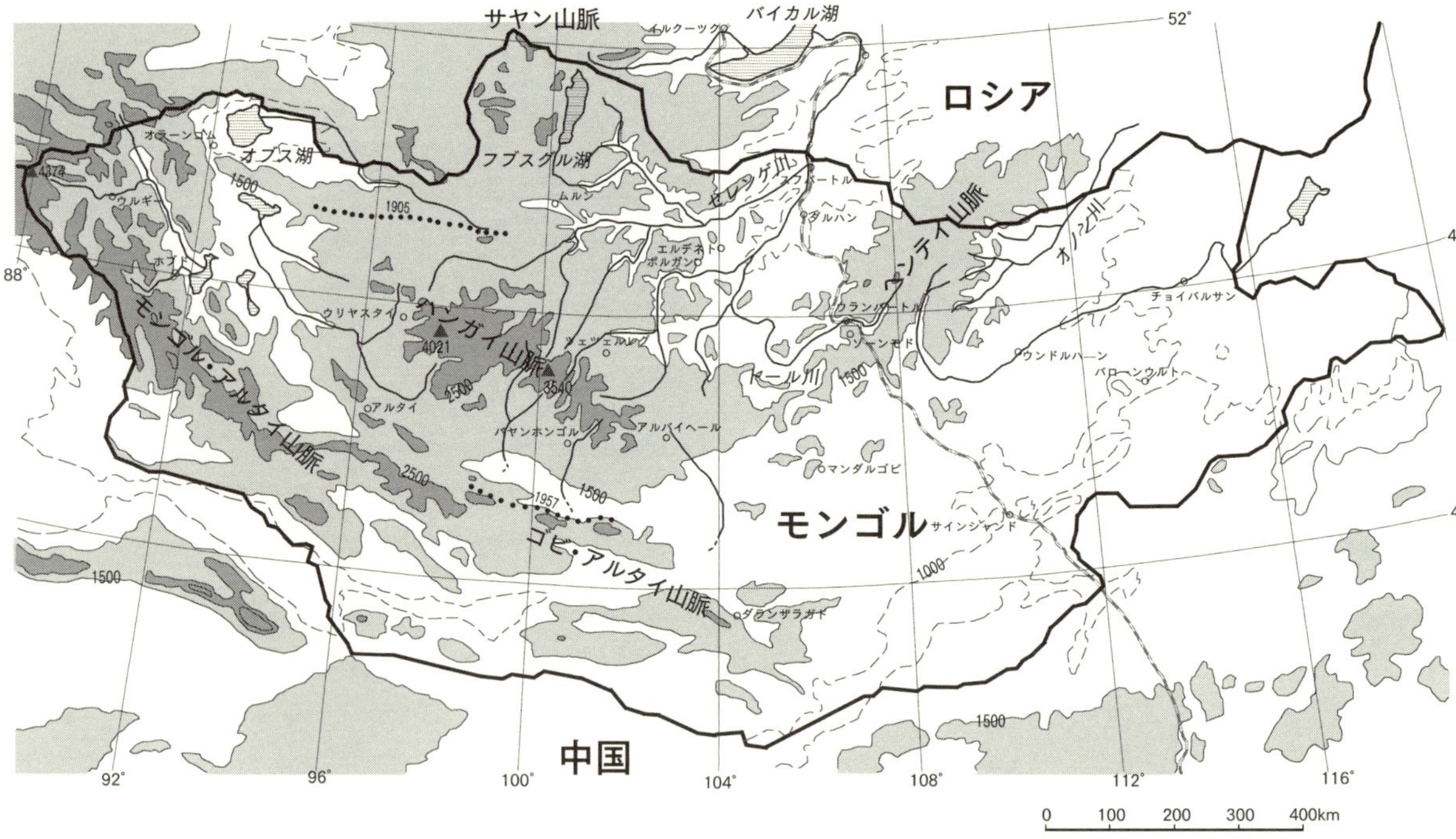

図4　モンゴルの地形標高（GEOGRAPHIC ATLAS OF MONGOLIA を簡略化）
図中のドットは地震断層とその発生年

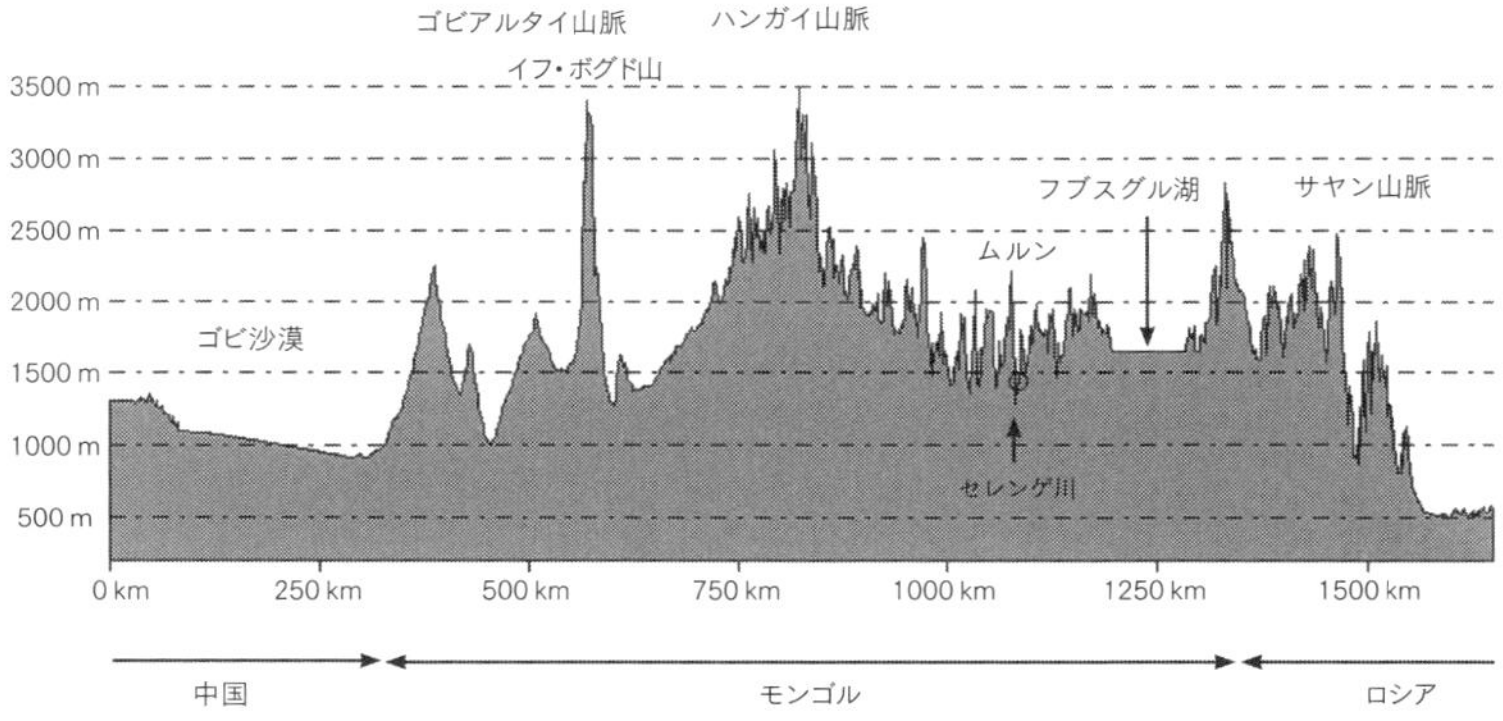

図5　モンゴル中部（東経100度）の南北方向の地形断面

図6　モンゴル最西端のアルタイ山脈の氷河（Google Earth）

の距離をおいて連なります。こうした山脈の麓には活断層が延び、時々大きな地震も起こります（第6章で詳しく紹介します）。

ハンガイ山脈は、アルタイ山脈の北側約200㎞にあり、両山脈の間は標高1500m程度の平地になっています(図4、5)。乾燥地ながら河川も流れ、所々に小さな湖も点在しています。ハンガイとは、「高原状で森林が多く、水が豊富で肥沃な土地」という意味です。最高峰はオトゴン・テンゲル山(4021m)で、標高3000〜3500mのピークが東西400㎞の範囲に点在しています。カルデラを伴う新生代の死火山もあり、また山頂近くには氷河地形も点在しています。年平均気温が摂氏マイナス8度(7月の平均気温が10度以下、1月の平均気温がマイナス30度以下)とモンゴル国内で最も寒く、また降水量も年間400〜500㎜程度とモンゴル国内にあってはやや多いため、現在でも氷河ができる環境となっています。なお、モンゴル・アルタイ山脈西部では年平均気温マイナス4度以下、モンゴル最北部のフブスグル湖の西でマイナス6度となっています。

ヘンティ山脈はモンゴル中北部にあり、ウランバートルの北70㎞付近にあるアスライル・ハイルハン山(2800m)を最高峰とし、概ね2500m前後の峰が連なっています。山地内では年降水量が500㎜を超えるため、東へ流れて中国領内に注ぐヘルレン川、北東に流れてロシアに下るオノン川、ウランバートル市内を西へ流れ、やがてバイカル湖に下るトール川などの水源となっています。ウランバートルはヘンティ山脈の外れに位置していることになります。

一方、モンゴル最北部も標高が高くなっています。ロシアの東サヤン山脈へとつながる国境付近では標高が3000mを超えます(最高峰はムンフ・サリダグ山3492m)。バイカル湖と同様に地溝として形成されたフブスグル湖は深く（最大水深267m）、そのまま飲めるほどきれいな水が満々とたたえられています。長年、一緒に調査しているモンゴル科学アカデミー地理学研究所のエンフタイワンさんは、この周辺はモンゴルで一番美しい場所だと誇らしげに言われます。杉やカラマツの深い森（タイガ）が広がり、シベリアにつながっています。

モンゴルの水系は、大半がヘンティ山脈とハンガイ山脈から流れる河川です。トール川は北へ流れ、ハンガイ山脈の北麓に流れを発するセレンゲ川と合流して、やがてバイカル湖へ注ぎます。アルタイ山脈とハンガイ山脈の間の平地にも、ザブハン川やホフド川などが流れていますが、いずれも内陸の湖に注ぐ比較的小規模な内陸河川です。南部のゴビには川はないため、モンゴルの河川のほとんどは北部に集中するのです。

ところで、モンゴルは冬季には極寒となり、全土が氷点下になります。大地も凍結し、国土の約3分の1は夏も融けない永久凍土です。全域が連続的に永久凍土となっているのは、フブスグル周辺の標高1500m以上、ヘンティ山脈の1700m以上、アルタイ山脈の2300～2500m以上の場所です。ウランバートルは標高1300m程度ですから、連続的な永久凍土地帯ではありませんが、それでも所々に永久凍土が広がっています。こうした凍土は森林をかん養するのに役立ちますが、凍上現象などによって建造物に被害を及ぼすこともあります（詳細は第6章コラム参照）。

モンゴルの草原を車で旅行すると、さまざまな動物が野山を駆けまわる姿に出会い、心が和みます（写真3）。空には野鳥が舞い、野には可憐な花が咲いています（写真4）。夜キャンプ

写真３　地中の穴から出てチーチー啼くゾルン

写真４　夏の野に咲く花

をしているとオオカミの遠吠えに身をすくめることもあります。こうした野生動植物の保護活動がおこなわれていることもモンゴルの特徴のひとつです。地理学研究所やＷＷＦ（世界自然保護基金）等の活動により、山岳地帯や湖沼周辺などが自然保護区に指定されています。保護の程度に応じて、厳重保護地区と自然公園と自然保護地区がそれぞれ主なものだけでも数十箇所ずつ指定されています。

ウランバートルから南へ進むとゴビへ至ります（写真5）。２５０㎞南にあるマンダルゴビへ向かう道は１９９８年当時、まだ草原の道で、車の轍が延々と続いていました。ところどころにぬかるみもあり、時々ジープがはまってしまいます。そのためキャラバン隊のように車数台を連ねていれば安心ですが、見渡す草原に1台だけになると不安でした。夜になって仲間を見失っても大変です。このときはウランバートルを午後遅くに出て、何度もぬかるみにはまり、ロープで引っ張りながらのドライブでした。深夜にマンダルゴビにつき、宿屋に入って寝袋で寝ました。

翌朝、さらに１００㎞ほど南にあるウムヌゴビ県との境界付近まで向かうと、植生はだんだんまばらになり、地面には石ころがゴロゴロしています。それでもニラ科の草が生え、薄い紫の花をつけ、良い香りを放っています。植物学者の土屋さんに、食べられるよと教えられ、かじってみるととてもおいしいニラの味がしました。草を食べているとラクダの群れが通りかかります。彼らもこの草をおいしそうに食んでいました（写真6）。

司馬遼太郎は『モンゴル紀行』にマンダルゴビへ行ったときのことを、次のように書いています。「……タラップの最後より二段目から飛び降りた。靴の裏がゴビ草原にくっついたとき、驚くべきことは、大地から淡い香水をふりまいたように薫っていることだった。風はなく、天が高く、天の一角にようやく茜がさしはじめた雲が浮かんでいる。その雲まで薫っているのではないかと思えるほどに、匂いが満ちていた。……人差し指ほどの丈のニラ系統の草が、足もとでごく地味な淡紫色の花をつけている。

写真5　ゴビへ向かう

写真6　ラクダの足元はニラの花畑

写真7　ゴビの遊牧民のゲル

それがそのあたり一面の地を覆い、その茎と葉と花が、はるか地平線のかなたにまでひろがっているのである。……その花のにおいだった。空気が乾燥しているため花のにおいも強いに違いなく、要するに、一望何億という花が薫っているのである」

我々は夕方になってゴビに住む遊牧民のゲルにつきました（写真7）。地面いっぱいに小石が広がり、ところどころに草が生えています。厳しい環境の中で、ニラを瓶詰めにして保存食にしていました。地形は平坦で、360度地平線が見渡せます。やがて満月が昇ってきました。あまりの大きさに、それが月だとは思えないほどの驚きと感激を味わいました。この旅はここまででしたが、中国国境まではさらに南へ300km近くあり、さらに乾燥がきつくなります。

モンゴルの地層は日本に比べて極めて古く、中生代や古生代あるいはそれ以前の地層が広く分布しています。長期にわたる地殻変動の影響で変形し、地質図を見ると複雑なモザイク状を呈しています。東部や南部には中生代の恐竜化石を含む堆積岩が広く分布し、発掘のメッカになっています。また石炭やオイルシェールのほか、蛍石、石膏、グラファイト、シリカ、ゼラファイトなどの工業鉱物や、鉱物塩や硫酸塩等が採れます。また、めのうや蛇紋岩などをはじめとする宝石用原石なども東部および南部で多く産出します。

石炭はとくに国内で広く産出し、アルタイ山脈や北部の山地にも炭鉱があります。中部および北部には中生代以前の花崗質岩類が多いため、建設材料の採掘場になっています。

金・銀・銅が全国的に広く産出することも特徴的です。そのほか、鉄、鉛、タングステン、錫、ウランなどの鉱物資源も豊富で、近年の経済発展を支えています。

写真８　砂金採取

金はモンゴル国内に広く分布します。ウランバートル周辺も金鉱山が多い地域のひとつです。１９９８年に、ウランバートルから北西へ３００㎞ほど離れたモンゴル・オルス社の金鉱を訪れてみると、見たこともないほど巨大な機械で露天掘りをしていました。写真８は川に浮かぶ船のような形をした機械で、砂金を採取してそれをこの中で濃集しています。我々が訪れた鉱山ではロシア人も多く働いていて、彼らが集まる小さな村ができていました。
モンゴル国内を旅すると、なだらかな起伏が多いことに気づきます。古い地層が浸食作用を受けてケスタ状を呈していることも理由になっています。こうした場所では、小高い丘の頂上に少年が乗った馬が駆け上がります。また車の運転手に行き先を告げると、山を越え、谷を越えて一直

写真９　草原を疾走する自動車

線に目的地を目指します（写真9）。彼らは目標地点を指してくれるGPSが大好きなのです。

私はモンゴルの平原にいると目が回ってきます。日本での距離感とは一桁も二桁も違うからです。「すぐそこだ」と思っても、何キロも何十キロも先だったりします。

緩やかな起伏の大地を車で行くと、緩やかに延々と登りつめ、その先は緩い下り坂。そしてまた緩やかに登り始め、また下るという繰り返し……。これを半日も続けると、まるで大海原でうねりを越えているような気分になってきます。そしてそれが無限に続いているかのような錯覚にとらわれ、気が遠くなってきます。

青空に浮かぶ雲の影が草原に映り、それが流れ、やがて陸と空の境界もわからなくなります（写真10）。まるで「草の海」……。「雄大な自然とはこういうものなのだ」という陶酔感を、私はモンゴルで初めて体験しました。

モンゴル人は自国の自然を愛し、強い郷土愛をもっているそうです。20世紀前半の詩人ナツァクドルジ氏の「うるわしき地」に以下のように謳われています。

写真10　草の海

ヘンティ・ハンガイ・ソヨンの高く美しき嶺々
北方の方の飾りとなりし森林におおわれし山々
メネン・シャルガ・ノミンの広大なるゴビ地帯
南の方の面となりしひろく続いた砂丘の海々
これぞわが生まれし故郷・モンゴルの美しき地
（オーエン・ラティモア著『モンゴル』磯野富士子訳より）

ひとと社会

モンゴルは自然の恵みを受けて、鉱業と畜産業が基幹産業となっています。世界屈指の埋蔵量を誇るモリブデンや銅、金、石炭などの鉱物資源の開発を推進しています。2010年以降はGDP成長率もプラスに転じ、活況を呈しています。輸出総額は48億ドルで、主な品目は燃料53％、食料・燃料を除く一次産品41％となっており、とくに銅が20％、金が2％を占めています。一方、輸入総額は66億ドルで、主な品目は輸送機械49％、燃料18％、工業加工品

15%、食料等5%、化学製品5%となっています。中国とロシアへの依存度が高く、輸出の9割は中国向け、石油燃料の100%はロシアからの輸入です（以上、2011年の統計）。

人口は286・7万人。普通出生率は千人あたり25。都市人口率は67%で、ウランバートルに131・8万人が集中しています（以上、2012年の統計による。2015年1月に人口は300万に達したと報じられています）。

写真11　モンゴル国立大学に掲げられるモンゴル文字

一方、言語はモンゴル語を公用語とし、カザフスタンに近い最西端のバヤンウルギー県ではカザフ語が一般に使われています。モンゴル語はアルタイ諸語に分類されることが多く、文法的にはいわゆる膠着語であり、日本語とも似ています。文字は縦書きのモンゴル文字が古くから用いられてきましたが、1941年以降、ソ連の指導によりキリル文字が正式に用いられるようになりました。その後、1992年に社会主義体制が崩壊して新たなモンゴル国ができると、民族意識の高揚により、モンゴル文字を1994年から公用化することが決まりました（写真11）。しかし一般国民にとってモンゴル文

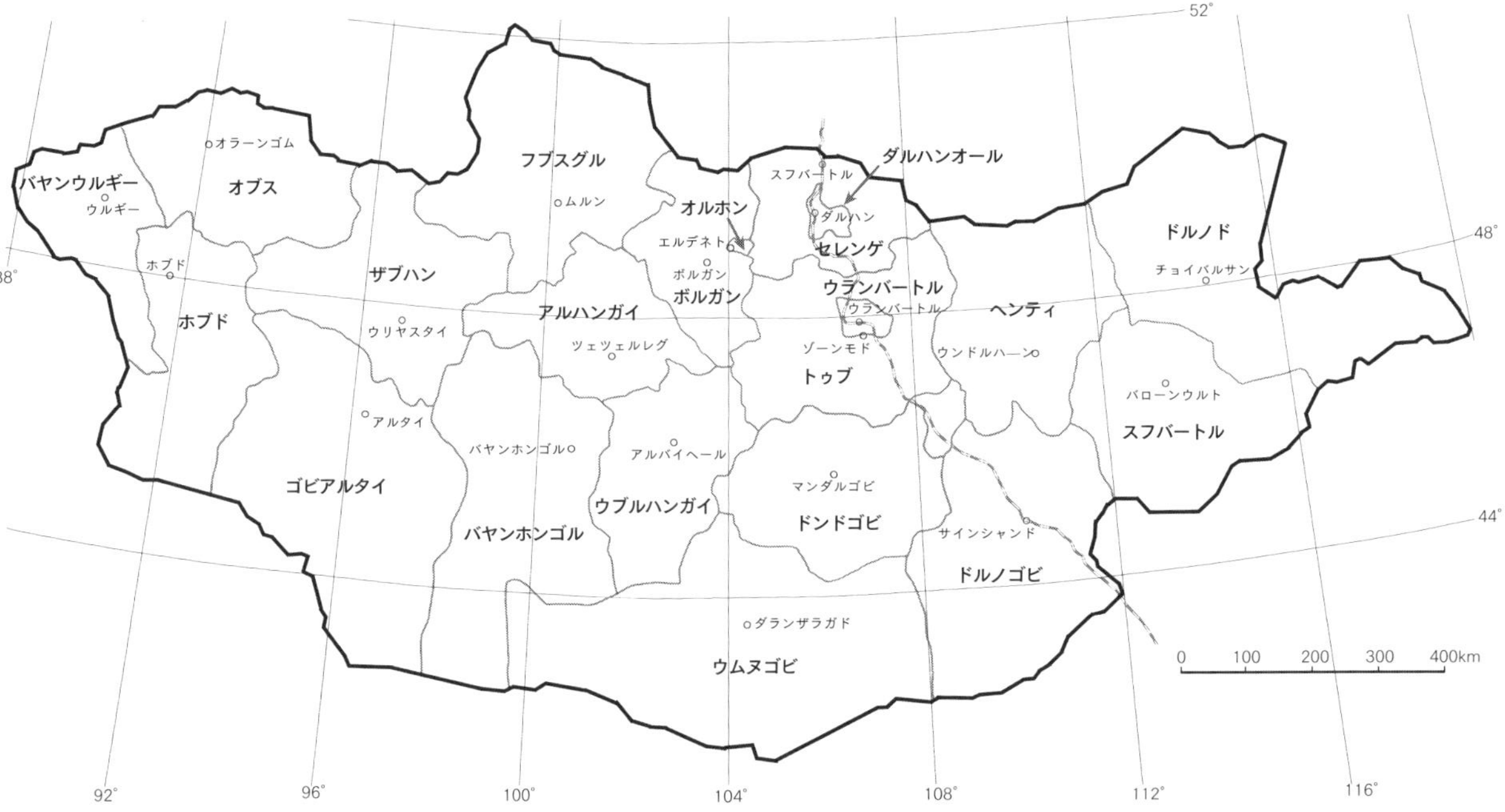

図8　モンゴルの行政区分（GEOGRAPHIC ATLAS OF MONGOLIA を簡略化）

字は馴染みが薄かったことから、全面的切り替えは中止され、さらにパソコンの普及もあって、ラテン語表記への置き換えも進んでいます。

「民族構成」は、ハルハ81・5％、カザフ4・3％、ドゥルブド2・8％、バヤド2・1％、ブリヤート1・7％、ダリガンガ1・3％となっています。[1] ドゥルブドとバヤドは北西端のウブス県、ブリヤートは北東部のドルノド県やヘンティ県、ダリガンガは東部のスフバートル県などに多く居住しています（図8）。宗教はチベット仏教39％、イスラーム4％のほか、シャーマニズムを信仰する地域もあります。

モンゴルと言えば草原の国、チンギスハーンの末裔の国という印象が強いですが、実際には自然環境としては沙漠（ゴビ）、草原、タイガ、氷河を抱く高山という変化があり、また民族的にもモンゴル語を話して仏教を信仰するハルハを中心とするモンゴル系エスニック集団以外に、カザフ語を話しイスラームを信じるカザフなどもいるという多様性があります。こうした多様性については次章でさらに詳しく見ることにしましょう。

注

（1）GEOGRAPHIC ATLAS OF MONGOLIA 2004 による

第2章

モンゴルの人びとと暮らし

稲村哲也

1　社会主義から市場経済へ――1990年代の変革

転換期のモンゴルを訪ねる

私がモンゴルで調査を始めたのは1993年5月のことです。米本昌平氏（科学史・科学論）、総合研究大学院大学教授）と古川彰氏（環境社会学、関西学院大学教授）が中心となって組織した「モンゴル学術遠征隊」に加わって、主に環境をテーマとして一カ月余り調査に従事しました。当時は、モンゴルで民主化・市場経済化が始まったばかりで、日本人による調査はほとんどなかった時期です。

国営新聞（当時）のアルディン・エルフ社の協力によって調査が可能となったため、調査の手法は新聞社の手配によるインタビューでした。ウランバートルに到着すると、旧迎賓館の国営ホテルに滞在し、自然環境保護大臣との会見から調査は始まりました。その後、北に延びる鉄道で銅モリブデンの鉱山があるエルデネット市で鉱山を見学し、鉱山会社副総裁や市長と会見しました。そこからは、ロシア製ワゴン車で、山岳地域のボルガン県やモンゴル最北部のフブスグル県へ向かいました。各地で知事やソム長や研究者へのインタビュー調査をおこないましたが、驚いたのは、役人から統計数値や公式の政策などがよどみなく回答されたことです。当時まだ色濃く残っていた、社会主義時代の役所のシステムによるものでした。

こうした調査手法は、私にとって初めての経験でした。文化人類学のフィールドワークでは、地域に住み込んで、生活、慣習、社会組織などを参与観察や聞き取り調査によって総合的に理解していきます。そうした文化人類学のやり方とは正反対の「トップダウン」的調査手法に面食らったのですが、ある意味ではたいへん新鮮で、興味深いものでした。社会主義の名残を知ることができ、また、公式の見解であってもそこにある程度の実情が反映されています。マクロな視点の重要性を認識することができ、そのようなマクロな視点と文化人類学が得意とするミクロな視点を総合すれば、より包括的な研究が可能だと感じたのです。学際的共同研究のおもしろいところです。

その後の10年間はモンゴル研究にのめりこむことになりました。最初の調査の間に、当時科学アカデミー研究員であった地理学者スフバートル氏と知り合い、私の調査に全面的に協力してくれました。新聞社の会計の仕事をしていたグンスマーさんも私の調査に協力してくれました。同じ年の9月に再び単身でモンゴルを訪れたとき、この2人とトゥブ県、ドンドゴビ県、フブスグル県、ホブド県など、モンゴル西半分を回りました。2人の人脈のおかげで、広域の調査が可能となりました。そのとき、当時は通産省官僚だったエンクチュルン氏が通訳・共同研究者として参加してくれました。その広域調査の一環として、モンゴル最北部の森に住むツァータン（トナカイ遊牧民）を初めて訪問したときの感動は、今も忘れることができません。

当時は、ソビエト連邦の崩壊とロシア経済の破綻により、ロシアからの援助が途絶え、モンゴル経済も破綻状態でした。店に商品がほとんどなくなり、ガソリンもひどく不足していました。道路はガラガラで、街を走る車はロシア製だけでした（写真1）。地方に調査に出るためには、まずガソリンの確保がたいへんでした。

写真1　1993年のウランバートル市内

1995年からは、モンゴル国立大学の日本学科の教員であったバトトルガ氏と知り合い、彼がエンクチュルン氏に代わって、通訳・共同研究者として協力してくれることになりました。バトトルガ氏は、その後、私の教え子として愛知県立大学の大学院で8年間学び、博士の学位を取得しました。

私は2000年代には、アンデスやヒマラヤ・チベットに調査の重点を置いてきました。そこで、ここでは主に、1990年代のモンゴル社会の変動について紹介しますが、まずは、元朝成立からモンゴル独立までの歴史にざっと目を通しておきましょう。それに先立つモンゴル帝国の成立については、次節でカザフと関連して触れることにします。

元朝の流れ

第5代ハーンのフビライが「大都」に都を置き、１２７1年に元朝を建てました。１３６８年、朱元璋が明の皇帝の位について元の大都を攻撃すると、元の恵宗は北の内モンゴルに逃れます。中国史ではここで元朝が滅亡したとされますが、昭宗が帝位をついで、カラコルムを根拠地として元朝を継承します。

現在のモンゴル国は、人口の大半を「ハルハ・モンゴル」または単に「ハルハ」と呼ばれるエスニック集団が多数を占めています。「ハルハ」は、ダヤン（大元）・ハーンを名乗ったバト・モンケ（１４８7年―１５２4年）の時代に遡ります。ダヤン・ハーンは、分裂していたモンゴルを再統合し、左翼にチャハル、ハルハ、ウリヤンハンの3部隊を配し、右翼にオルドス、トゥメト、ヨンシエブの3部隊を配しました。この6部隊をトゥメン（万戸）といいます。ちなみに、モンゴル人は南を向いて方位を認識するので、左翼は東、右翼は西にあたります。

左翼の3つのトゥメンの一つウリヤンハンは、ダヤン・ハーンの死後に反乱を起こして討伐され、解体されます。ハルハは、ウリヤンハンが占めていた地域に勢力範囲を広げ、現在のモンゴルの中心部を占めるようになります（宮脇淳子『モンゴルの歴史　遊牧民の誕生からモンゴル国まで』刀水書房）。

その後、ハルハは、東の地域の「五部ハルハ」と、ゴビ砂漠の北の「外モンゴル」地域の

「七旗ハルハ」とに分裂し、後者が勢力を広げて、現在のモンゴル国のマジョリティ「ハルハ」につながります。

一方、中国東北部でヌルハチがジュジェン（女真）を統一してマンジュ国を建てます。それが後の満州の起源となります。ヌルハチの子ホンタイジは、モンゴルの再統一を図るリンダン・ハーンと対峙します。リンダン・ハーンは西方に移動し、病死します。その遺児エジェイはホンタイジに降伏し、元朝ハーンの玉璽を差し出します。そこでホンタイジはチンギス・ハーンの受けた天命が自らに継承されたとし、1636年、マンジュ（満州）人、ゴビ砂漠より南（内モンゴル）のモンゴル人、高麗系漢人の代表たちの大会議を招集して、三つの民族の共通の皇帝に選出され、清朝を建国しました。ホンタイジの5人の皇后はすべてモンゴル人でした。モンゴル貴族は満州皇族の姻戚となり、清朝におけるモンゴル人の地位は比較的高かったのです（前掲書）。

ハルハとモンゴル独立まで

「外モンゴル」のハルハは一定の独立を保っていましたが、ハルハの領主たちは、ジャサク（旗長）の称号を得て、清朝皇帝の臣下となります。旗は地方の行政的な地域を意味します。

1911年に辛亥革命が起こると、「外モンゴル」のハルハは、ラマ僧ジェブツンダンバ8世を推して独立を宣言します。8世は、チンギス・ハーンの子孫であったジェブツンダンバ1

世の転生者であることから、モンゴル統一にふさわしい象徴とされ、ボグト・ハーンと称されました。

モンゴルの実質的な独立は1921年とされていますが、モンゴル国民は1911年12月29日を「独立宣言日」として祝っています。

モンゴル独立宣言に他のモンゴル諸集団も呼応します。モンゴルはロシアに支援を求めました。しかし、ロシアは、日本との間で満州を東西に分割して権益を得る密約を結んでいたため、それに応じなかったのです。1917年にロシア革命が起こり、帝政ロシアが崩壊します。一方、清に代わって政権を握った中華民国は、フレー（庫倫）に入り、外モンゴルを奪還しますが、帝政ロシアの白軍が侵入して中国軍を追い出し、1921年、ボグト・ハーンを復位させます。このとき、スフバートルとチョイバルサンが義勇兵を集め、モンゴル人民党臨時政府を樹立し、ソビエト赤軍と共に、中国軍とロシア白軍を破って、フレーを解放します。

この時点では、モンゴル人民党政府は、ボグト・ハーンを元首として維持します。1924年、ボグト・ハーンが死去すると、「モンゴル人民共和国」が誕生します。「内モンゴル」は中国の領土として維持され、モンゴルの北のブリヤート・モンゴルの居住地域はソ連の領土とされます。モンゴル人民共和国の独立が国際的に承認されたのは1945年のヤルタ会談ですが、それまでの実効支配が追認されるという形になります（前掲書）。

社会主義から民主主義・市場経済へ

1921年に独立したモンゴルは、1924年に活仏が亡くなると、ソビエト連邦の影響の下に社会主義体制をとります。1950年代末には、ソ連のコルホーズに倣った家畜の集団化によるネグデル（農牧業組合）が設立され、モンゴルの遊牧システムが大きく変化しました。一方、ソ連の援助によりコムギを中心とする近代農業が開発され、各地にネグデルまたは国営の集団農場が設立されました。また、エルデネットの大規模な銅鉱山の開発など、国営による鉱工業の開発も進みます。ウランバートルには、発電所と暖房パイプが敷設され、ゲルの都市からアパート群が建ち並ぶ近代都市に生まれ変わります。こうして、次第に社会主義体制が国民全体に浸透していったのです。

しかし、ソ連でペレストロイカが始まると、モンゴルでもシネチレル（モンゴル版ペレストロイカ）が起こり、さまざまな経済改革が始まります。そして、1989年末に起こった民主化運動を契機として、翌1990年には複数政党制が採用され、史上初めて自由選挙が実施されました。同年9月にはオチルバト初代大統領が就任し、与野党連立政権が誕生し、本格的な政治・経済改革が開始されました。

1991年以後、政府は財政、金融、貿易、国営企業民営化・国有財産私有化等の経済改革を断行し、外国投資法、銀行法、企業法、税法、私有化法など改革のための法的基盤も整えられました。1992年2月には新憲法が施行され、国名もモンゴル人民共和国からモンゴル国に変更され、社会主義が公式に放棄されました。

あらゆるものが共同所有で、中央の管理による計画経済であった社会主義体制から、民主主義・市場経済体制への移行は、当然のことながら国民に大きな戸惑いを与え、社会的混乱を引き起こしました。国家体制の変革は、社会のあらゆるレベル——首都、地方都市、地方のソム（郡）の中心（定住区）、遊牧社会——で、国民生活と社会構造に劇的な変化をもたらしたのです。

モンゴル社会の現状を把握するうえで、「民営化・私有化」が、社会のさまざまなレベルでどのように進行し、それが社会にどのような影響を与えてきたかを明らかにすることは極めて重要です。市場経済化の影響は、地方と都市（とくに首都）とでは大きな違いがあります。ここでは、まず民営化・私有化のプロセスについて述べ、市場経済化にともなう社会の変容に関して、地方（ソム中心および遊牧社会）の現状を紹介します。都市（ウランバートル）の変化については、後の第3章で触れます。

大民営化（国営企業民営化）と小民営化（地方レベルの民営化・私有化）

モンゴルでは、国の共有財産を国民に平等に配分するため、国民すべてに額面1万トゥグルグのクーポン（民営化証券）を配布しました。そのクーポンは、額面7000トゥグルグの緑色の大クーポン1枚と額面1千トゥグルグのピンク色の小クーポン3枚からなっていました。1993年当時、1ドルは約400トゥグルグでしたが、クーポンの額面はインフレのため実勢を反映していません。

大クーポンでは、大企業の株式を取得することができました。のちには家畜の購入にも使用できるように改正されました。

小クーポンでは、家畜や車、機械・器具などの動産、家屋、施設などの不動産、商店、食堂、理髪業、輸送業、小製造業など小企業を取得することができました。

大クーポンによる民営化は「大民営化」、小クーポンによる民営化は「小民営化」と呼ばれました。「大民営化」は新たに開設された証券取引所を通じておこなわれ、「小民営化」は地方の民営化委員会で実施されました。

モンゴル証券取引所は1992年2月7日に取引を開始しました。証券取引所は、全国18県の県庁所在地のほか、ウランバートル市に9、鉱工業都市のエルデネット市とダルハン市に各1、全国では計29が設立されました。

大クーポンの売買・譲渡は当初禁じられたため、大民営化が実施された企業は多数の小株主によって構成されました。その後、株の自由な取引がおこなわれるようになり、株所有の集中化が進みました。

サービス部門などの小企業や小規模資産は小クーポンによって民営化・私有化されました。小クーポンは売買・譲渡が認められたため、家族、親族、友人、同僚などのグループによる企業買収、また、個人の買い占めによる企業買収などの形によって、「小民営化」が進みました。地方のネグデル（農牧業組合）の民営化や家畜の私有化については、それぞれの地域・団体の自主性にまかされました。

ゴビ地方のネグデル（農牧業組合）

モンゴルでは１９５０年代末に、社会主義的共同の原理に基づく牧畜と農業の集団化を進め、ネグデルを組織しました。ネグデルは、その統括区域としてはほぼソム（郡）に重なり、その中にいくつかの地域に区分されたブリガードという下部組織（組合支部）を包括していました。そして各ブリガードにソーリという１～数家族からなる生産単位集団が所属するという形態をとりました。１９８２年当時、全国には２５５のネグデル、７８７のブリガード、３万３６２９のソーリが存在しました。またネグデルのほかに、国家管理をより強めた形の国営農場が51、国営飼料農場が14存在しました（小貫雅夫『遊牧社会の現代』青木書店）。

まず、ドンドゴビ県のウルジット・ソム（郡）におけるネグデルとその解体について述べます。ウランバートルからドンドゴビ県の中心マンダルゴビまでは約３００㎞の距離があり、そこからソムまではさらに１００㎞南下します（写真２）。そのウルジット・ソムは以下の三つのブリガードで構成されていました。

写真2　ウルジット・ソム（郡）の定住区

①タグト：ラクダ中心のブリガード（ラクダ約1000頭、ウマ2000〜3000頭、ヒツジ・ヤギ約6000頭）
②デルト：ヒツジとヤギを中心とするブリガード
③ボヤント：五種の家畜を飼養するブリガード

1958年にネグデルが開始設立され、1965年に細かい分業体制が敷かれました。分業によって牧畜の効率が上がるという「社会主義理論」に基づき、飼育する家畜の種類を細かく分け、各家族は、そのうちの一種類を請け負って飼育しました。2、3家族が一緒に居住して遊牧をおこなう、伝統的な共住集団の「ホト・アイル」は、「ソーリ」と呼ばれるネグデル幹部が決める単位に再編されました。家畜の種類による分業は以下の通りでした。

①ラクダA：その年に出産する雌
②ラクダB：雄および出産しない雌
③ウシA：その年に出産する雌
④ウシB：雄および出産しない雌

⑤ヒツジ（1）：その年に出産する雌
⑥ヒツジ（2）：雄および出産しない雌
⑦ヒツジ（3）：子ヒツジ（9月から飼育し、成長した雄は食肉とし、雌は5月末〜6月頃に⑤のグループに引き渡す）。
⑧ヤギ（1）：ヒツジと同様
⑨ヤギ（2）：ヒツジと同様
⑩ヤギ（3）：ヒツジと同様
⑪ヒツジ、ヤギの種雄（秋に各ソーリに配分する）
⑫ウマ：すべてのウマ

ゴビより北のステップ地域ではウシがより重要であるため、ウシもヒツジのような細かい分類がされましたが、ゴビではウシの重要性が低いため、その区分は比較的単純でした。この地域では、ラクダは一家族あたりおよそ200頭、ウマ、ウシ、ヤギは一家族あたりおよそ600頭、ヒツジは900頭が基準とされました。

ただし、当初はヒツジとヤギを分けていましたが、1980年代以降には、ヒツジとヤギを一緒に飼うようになりました。じつはヒツジとヤギを一緒に飼うことには利点があるのです。まず、ヒツジのみでは移動速度が遅すぎて、広い範囲の草を十分に採食することができませんが、動きの速いヤギを加えるとちょうどよい速度になります。ヤギは小便を多くするので冬は

写真3　ゴビ遊牧民のラクダの乳しぼり

写真4　ヒツジの世話。毎朝仔ヒツジに母ヒツジの乳を飲ませる

それが凍り、寒い地方ではそれが問題ですが、ヒツジは体温が高く小便が少なく糞が多いため、囲いが暖かく保たれます。

家畜が好んで食べる草はそれぞれ異なるため、多種の家畜を飼うことで、草地への負荷も分散されます。社会主義時代に机上で考えだされた家畜分業体制は、遊牧民の間で受け継がれてきた伝統の知恵に反するもので、遊牧民から評判は悪かったそうです。当然、現場の遊牧民の知恵の方が、社会主義理論よりも勝っていたのです。

ネクデルが解体されると、牧民たちはクーポンで家畜を私有化し、「五畜」（五種類の家畜）をバランスよく飼うようになりました（写真3、4）。（詳しくは稲村哲也『遊牧・移牧・定牧――モンゴル、チベット、ヒマラヤ、アンデスのフィールドから』〔ナカニシヤ出版〕を参照してください）

ウランバートル近郊の国営企業（農牧業）の解体

次に、ウランバートルから比較的近く、社会主義時代には農業が大きな比重を占め、遊牧もおこなわれていたバヤンツォクト・ソム（郡）の事例を紹介します。このソムでは、90年代に継続的な調査をおこないました。

同ソムは、ウランバートルの西北西約100㎞に位置し、広さは約13万haで、5つのバグ（地区）に分かれています。1993年時点では、人口は約4200人、戸数986戸でしたが、1997年の人口は3611人、戸数は840戸とかなり減少しました。

民営化の前は国内で最も大きな国営農場の一つであり、農場面積は約2万7000ha、2万2000haでコムギを栽培していました。

国営農場は13のブリガードからなり、そのうちの9つは農業ブリガード、3つはミルク（乳牛）・ブリガード、1つは牧畜ブリガードでした。3つのミルク・ブリガードはそれぞれ800～1000頭の乳牛を保有し、ウランバートルのミルク工場に、1年に100万ℓのミルクを供給していました。牧畜ブリガードは約3万頭の家畜を保有していました。国営農場はコンバイン40台、トラクター110台、トラック30数台、それにソム長、人民革命党、病院の小型車計3台を所有していました。

1991年4月1日に国営農場が解体され、1994年までに、3つの大カンパニー（株式

表１　家畜数の推移

種類	1990	1997	1998
ウマ	4,029	5,501	5,963
ウシ	5,890	5,562	5,356
ヒツジ	34,423	31,056	32,419
ヤギ	570	7,766	10,136
ラクダ	8	12	44
計	46,910	51,894	55,916

会社）、７つの小カンパニー（有限会社）、５つのホルショー（ネグデルとは異なる小規模の協同組合）、およそ50の個人企業が誕生しました。３つの大カンパニー（株式会社）はミルク・ブリガードが改組されたもので、国の株保有率が50％以上とされました。その他のブリガードは、小カンパニー（有限会社）に改組されました。

　ホルショーは、建物、トラクター、コンバインなど国有農場の資産の一部をクーポンで購入し、15～25人の組合員によって経営される農場で、５００ha程度の農地を耕作し、家畜も２００～６００頭程度共同所有していました。個人企業とは、３～25ha程度の農地で主に野菜の栽培をする個人経営の自作農です。当時は土地法が制定されていないため、農地は国から借用するという形態をとっていました。

　その後、ソムの経済は極めて厳しい状況に直面します。民営化後にできた農業カンパニーの多くが倒産しました。農業面積は、１９９８年には3分の1以下の７０００haにまで減少し、コムギの生産量も１９９０年の１万７０００トンから、１９９７年には２７００トンにまで減少しました。農業不振の主な原因は資金不足で、種、ガソリン、肥料などが購入できず、作付け面積が減り生産性も上がらなかったということでした。倒産した会社の社員は失業して、一部はウランバートルに移住しました。多くの家族は家畜を手に入れて遊牧民となりました。個人農家の一部は、野菜栽培に切り替えて、なんとか維持しました。

牧畜カンパニーもホルショー（協同組合）もほとんど倒産し、家畜は個人に配分されました。1998年のソムの住民の家畜の所有数は5万6000頭で、ウランバートルの会社などから預かっている家畜が約2万頭あり、それを含めると約7万頭余に増加しました。表1にソムの家畜数の推移を示します。

対1990年比で1998年には9000頭増加しています。ウマとヤギが増え、ヒツジは増えていません。ヤギの数が極端に増えているのは、現金収入源としてカシミヤをとるようになったためです。

以上のように、90年代、農業の落ち込みがひどく、牧畜は拡大しました。農業はソ連による技術と援助によって維持されていたもので、もともと生産性が低かったのですが、市場経済化によって中国の安いコムギが入るようになったことも大きな要因です。一方で、伝統的な個人経営の遊牧は根強く、市場経済化の直後には失業者を吸収する役割も果たしました。

市場経済化後の遊牧民

バヤンツォクト・ソムの遊牧民家族の事例によって、市場経済化後の遊牧民の生活を見てみましょう。N氏（1998年当時56歳）は、妻と三男および三女とともに住んでいました。結婚して独立した長男一家と共に、隣り合ってゲルを建て、「ホト・アイル」（牧畜作業や生活を共にする単位）を構成していました（写真5）。婚出した長女と次女がいますが、長女は学校事

写真５　ゲルが隣り合って建つホト・アイル

務の仕事をする夫とともにソム中心（定住区）に居住していました。次女は大学卒業後就職してウランバートルに住んでいました。

N氏の両親は、以前は個人遊牧を営んでいましたが、ネグデルができてからは、ウシのブリガードに所属していました。N氏自身は1942年に生まれ、1961年にバヤンツォクトのネグデル専門学校を卒業し、1962年から「バヤンツォクト国営農場」に勤務し、1990年までトラクターの運転手として働きました。以前はソム中心に住んでいましたが、現在その家には長女の家族が住んでいます。ソム中心の住居は板囲いの屋敷地の中にゲルを建てているもので、その板囲いの中に家畜を入れることができます。N氏の家族は、以前は国営農場に勤務しながら、若干の個人家畜も飼っていました。夏には草原にゲルを張って家畜を放牧し、冬にはソムの住居の板囲いに家畜を集めて、干し草で飼育しました。

N氏は、1991年4月に国営農場が解体すると、民営化クーポンで家畜を購入して牧民となり、遊牧生活を始めました。夫妻も子どもたちもよく働き、家畜数も着実に増加していました。

表２　バヤンツォクトにおける家畜管理

	ウマ	ウシ	ヒツジ	ヤギ
出産時期	４月〜５月	1年中	４月	４月
授乳期間	11月まで	次の仔の 出産まで	８月頃まで	８月頃まで
搾乳期間	７月〜10月	一年中	６月10日〜 ７月10日	６月11日〜 11月10日
去勢	11月(２〜３才)	６月（２才）	６月(３〜４カ月)	６月(３〜４カ月)
毛刈り			カシミヤ： ３月下旬〜４月 毛刈り：６〜７月	毛刈り： ６〜７月

表2は年間の家畜管理のサイクルです。冬は、1995年に固定の畜舎をつくって以来同じ場所で過ごしています。夏から秋にかけて移動します（写真6、7）。移動は比較的狭い範囲ですが、草の状態にあわせて年ごとに変えています。

社会主義の時代には、牧民は給料を受け取り、食糧や必需品はネグデルの専売所で購入していました。しかし、市場経済化のあと、牧民は個人事業者となりました。自由な移動をすると

写真６　ゲルの解体。ゲルは、中心の支柱と側面を支える蛇腹式の木組み、および全体を覆うフェルトからなる

写真７　ゲルの組み立て。フェルトで覆う

写真8　ヒツジとヤギの群れ

写真9　牛の搾乳

ともに、自由な取引ができるようになったのです。

N氏の1997年末の所有家畜数はウマ51頭、ウシ30頭、ヤギ51頭、ヒツジ200頭余りになりました（写真8、9）。その他にウランバートルの病院からヒツジ359頭を委託されて飼育し、その預かり料として月2万トゥグルグを受け取っていました。

1997年の家計収入の概要は表3の通りでした。収入の合計は64万トゥグルグ（1ドルが約800トゥグルグ）にのぼり、年間800ドルに相当します。これはモンゴルの水準としてはかなり高いものです。

畜産物は、車でウランバートルに行って売り、帰りに何か買ってきます。ヤギの毛（カシミヤ）は、ウランバートルの市場の近くに行くと仲買人が集まってきて、すぐに売れます。乳製品や畜産物は、金の必要があるときに、ウランバートルへ行って売ります。1年間に食用に自

表3　1997年のN氏の収入

項目	数量	単価	収入	ヤギ
ヒツジ預かり料	12カ月	20,000	20,000	4月
ヒツジの毛	150kg	200/1kg	30,000	8月頃まで
ヤギ毛	8kg	10,000/1kg	80,000	6月11日～11月10日
ヒツジ	約10頭	17,000/1頭	170,000	6月（3～4カ月）
ヒツジの毛皮	約40頭	5000/1頭	200,000	毛刈り：6～7月
馬乳酒	400ℓ	300/1ℓ	120,000	
牛乳	100ℓ	200/1ℓ	20,000	
合計			640,000	

家消費したヒツジはおよそ30頭でした。

支出の主なものは衣服とゲルの生活用具などで、必要なとき、とくに子どもの新学期が始まるとき、服、靴などを主にウランバートルで買っています。コムギも、ふつうウランバートルで買っています。ソムでつくっているコムギ粉は高いので、車がないときや、必要なときだけそこで買います。

広がる都市と地方の格差

モンゴルの民主化と市場経済化によって、国民は自由を享受することができるようになりました。遊牧の「個人経営者」となって、家畜を増やすことができた家族の生活は比較的安定し、遊牧は失業者の受け皿にもなりました。家畜は増加の傾向にありました。ただし、家畜増加の背景として流通の不備、および旧ソ連に対しておこなわれていた輸出が停滞したという要因もありました。

市場経済化過程の問題は、医療などの公共サービスの多くが欠如し、獣医、雪害対策など牧畜に関するサービスもなくなったことです。とくに遠隔地では、電気、流通、情報の欠如等により、生活のレベルが著しく低下しました。また、都市部で富裕層が出現する一方、各都市やソムで中小企業の倒産が続き、失業者、貧困住民が増加しました。社会主義時代には100％に近かった就学率も低下しました。

市場経済化過程におけるさまざまな問題により、遠隔地から都市近郊ソムへの移住、さらに近郊ソムからウランバートルへの人の流れが進みました。また、都市周辺や幹線道路沿いへの遊牧民の集中も起こっていることにより、都市周辺部の草地の劣化も問題となっています。

このように、都市と地方における生活と富の格差、国民の間の貧富の差が大きな問題となってきました。ウランバートルへの人口集中が進み、災害のリスクが高まり、都市と都市周辺部における環境の悪化が懸念されるようになりました。新たな都市計画の整備、地方の再建、小産業の復興、流通システムの整備などが重要な課題です。

2　モンゴル西部の少数民族カザフとエスニシティ

（本節の執筆＝バトトルガ・スヘーギーン、石井祥子、稲村哲也）

「多エスニック国家」モンゴル

モンゴル国は、モンゴル人が住んでいる国、と単純に捉えがちですが、実はモンゴル国の「民族構成」は複雑です。それを理解するには、モンゴル帝国の盛衰の歴史にまで遡る必要があります。

現在「モンゴル高原」と呼ばれる地域は、北はシベリアの森林、東は興安嶺、南はゴビの沙漠、西はアルタイ山脈・天山山脈に囲まれた豊かな草原です。この草原で、6世紀から7世紀に栄えた突厥（トルコ系遊牧国家）に続き、8世紀にウイグル遊牧国家が興り、9世紀に滅びました。それ以後、多くの遊牧集団が互いに抗争を繰り返していました。13世紀、まだ小さな集団にすぎなかった「モンゴル」の小貴族の家系に生まれたテムジンは、諸集団を統合し、「イェケ（大）・モンゴル・オルス（国）」を宣言し、チンギス・ハーンと名のります。

チンギス・ハーンは、10万近くに達した騎馬軍団を千戸ごとの部隊に編成し、その下に百戸群、十戸群を組織します。王国は東西に長く配置されます。ハーンは、中央に天幕群の「宮廷」を置き末子のトルイと共にそこを占め、西の地域を3つに分け、3人の息子たち（ジョチ、チャガタイ、オゴデイ）にそれぞれ4つの千戸を与えます。そして、東の地域も3つに分け、3人の弟たち（カサル、カウチン、オッチギン）にそれぞれ1個、3個、8個の千戸を与えます（杉山正明『モンゴル帝国の興亡　上』講談社）。

チンギス・ハーンとその息子たちは、金をはじめとする周辺諸国の征服を開始し、従わせたキタイ（契丹）などの遊牧民も千戸に編成していきます。モンゴル帝国の民は、多様な出身地、言語、文化、形質をもつ諸集団の混成でした。チュルク（トルコ）系の集団も多く、その一部はモンゴル化していきました。以後の歴史についてはすでに本章1節で述べました。

広大な地域を統合した、機動力の高い騎馬遊牧民であった「モンゴル人」のエスニック構造は、私たちのような定住民族が考える人や地域が固定的な「民族」の枠組をはるかに超えています。大規模な移動、政治的で人工的な集団の編成と配置、離合集散などが繰り返されてきたからです。したがって、私たちが想定する「民族」は、モンゴルでは「エスニック集団」と呼んだほうがより適切でしょう。

モンゴルのマイノリティ

モンゴルでは、マイノリティ（少数エスニック集団）について注目されることは少ないですが、実際には約20のエスニック集団が存在します。人口の9割を占めるモンゴル系も、17ほどの集団に分かれ、人口の約7割を占める「ハルハ」のほか、「ドゥルブド」「バヤド」「ブリヤート」、「ウリヤンハイ」などの諸集団に分かれます。残り1割はチュルク系で、そのうちの最大の集団が「カザフ」で、モンゴル人口の約4％を占めています。マイノリティは、モンゴル国の西と北の辺りに多く分布しています。

カザフの人口は、1930年頃は約1万人でしたが、現在は約10万人です。90年代には一時12万人に達したものの、その後、カザフスタンへの集団移住の結果、減少しました。

モンゴルの西端のバヤンウルギー県の人口は約9万人で、カザフがそのうち90％以上を占めます。言語はカザフ語で、若い世代にはカザフ語とモンゴル語を自在に操るバイリンガルが多くなっています。

モンゴル系エスニック集団の多くがチベット仏教を信仰するなかで、カザフはイスラームを信仰し、独自の文化を築いてきました。社会主義時代には、モンゴル全体で宗教が禁止され、また伝統的な慣習が制限されました。モンゴル人の伝統的な縦文字も禁止され、使われなくなってしまいました。カザフに対しても、文化的抑圧、宗教弾圧、政治的粛正などがありました。

1990年以降、モンゴルは社会主義・計画経済体制を放棄して民主主義・市場経済体制へと移行し、経済、社会、文化全般にわたって劇的な変動を遂げてきました。経済の発展と共に、文化と信仰の復興が起こります。カザフの場合は、カザフスタンへの移住とイスラーム諸国との関係の強化という、別の大きな変化が加わります。世代交代も進む中で、今、彼らはどのような状況に置かれているでしょうか？

マイノリティである「カザフ」に照準を当てることによって、1990年代以降のモンゴルの劇的な変化における多様性が見えてきます。ここでは、そうした多様な文化的・社会的側面を見ていきますが、まずはカザフの人びとの由来と遊牧民の生活を紹介しましょう。

モンゴルのカザフの来歴

カザフはもともと、カザフ高原で遊牧を生業としてきた人びとです。15世紀末に、カザフ・ハン国が成立しますが、後に分裂し、18世紀には、大・中・小ジュズの3つの「部族連合」に分かれていました。19世紀にカザフスタン全土が帝政ロシアに併合されます。それを機に、カザフの一部は清朝支配下の新疆へと移動しました。しかし、その地も次第に漢人の入植によって農耕化され、圧迫を受けます。中国の新疆で遊牧をしていたカザフの集団の一部は、夏にアルタイ山脈を越えてモンゴル側で放牧をしていました。モンゴルが独立すると、モンゴル側で遊牧していたカザフはモンゴル国内にとどまります。さらに、日中戦争の後、国民党と共産党の間の戦場となった新疆からモンゴルに逃れてきたカザフもいました。

モンゴル政府は、1940年、マイノリティが多く社会情勢が不安定だったモンゴル西部地域の安定化を図るため、カザフの県としてモンゴル西端にバヤンウルギー県を創設しました。

そのときから同県にカザフが集住するようになりました。

２００８年に、当時96歳の女性にインタビューをおこないました。彼女は敬虔なムスリムらしく、22歳で結婚してから被り続けているというベールを着け、しっかりとカザフ語で話してくれました（写真10）。「私ははじめカザフスタンにいましたが、中国の新疆に移り、11歳のときに新疆からモンゴルのバヤンウルギーに来ました。子どもの頃、国境は自由に行き来ができ、新疆とモンゴル間で遊牧をおこなっていました。モンゴル独立のときから国境通過が厳しくなり、そのときにはモンゴル側にいたのでここに住むようになりました。その後、社会主義の時代になり、指導者ツェデンバルが、カザフにバヤンウルギー県とホブド県を与えました」。

写真10　かつてカザフスタンから新疆、バヤンウルギーへ移住した女性（右から２番目）と家族

カザフ遊牧民の生活とその特徴

バヤンウルギー県の主要産業は牧畜です。今も多くのカザフが牧畜に携わって生活しています。カザフ遊牧民も五畜を飼い、移動式天幕に住んで、四季に応じて季節移動をおこなっています。カザフの遊牧システ

写真11　ヤクの搾乳

ムは、基本的にモンゴル系エスニック集団のものと同じですが、相違点もあります。

まず、この地域はアルタイ山脈につながる山岳地域で寒さが厳しいため、ウシの仲間のサルダック（ヤク）が多いことが特徴です（写真11）。遊牧の移動のやり方も、モンゴル中央部のタル（草原）や、南部のゴビ（乾燥地）の遊牧民とは異なっています。タルやゴビでは冬営地・春営地は固定的ですが、夏と秋には気象条件などに応じて、かなり自由に移動します。しかし、バヤンウルギー県は、山がちで放牧地が限られるため、移動ルートがほぼ固定的で、「移牧」に近い移動形態をとっています。

アルタイ山脈の高地では寒さがとくに厳しいため、カザフの遊牧民は、寒さに対する対策を十分にとっています。冬営地・春営地では、春に生まれる仔家畜の保護のため、専用の小屋をつくるなどの工夫が十分に施されています。こうした遊牧民の知恵は、社会主義の近代化・合理化の時代を経て受け継がれてきています。

カザフ遊牧民は、一世帯あたりの成員数が多く、モンゴル系の人びと以上に家父長的な傾向が強く、親族間の結びつきや年長者の権威が強固です。ゲルの形態にも相違があります。ゲルの大きさは、モンゴル語でハナと呼ばれるジャバラ式の木製の外壁の枚数により異なります。

モンゴルでは通常、5枚のハナにより構成されていますが、カザフでは8枚など、モンゴル式よりも一回り大きいゲルが一般的です（写真12）。

ゲル内部に一歩足を踏み入れると、装飾の鮮やかさと美しさに、はっとさせられます。女性たちが作成した刺繍布やフエルトの敷物で全体が飾られているからです。これらの刺繍や文様は、カザフ独特のものです（写真13）。

写真12　カザフの遊牧民一家とゲル

写真13　ベッド周りの装飾として使われる布に刺繍をする女性

ゲルの扉の位置も異なります。モンゴル式は、北風を避けるために入り口はふつう南面に配置されますが、カザフは東に向けられることが多いです。これは、イスラームを信仰する彼らが、上座であるゲルの奥をメッカの方角に向けることと関係しています。

家畜の屠殺の方法もモンゴル式とはまったく異なります。モンゴル式では、ヒツジやヤギの屠殺の場合は、胸の下部をナイフで切って、そこから手を差し込んで背骨に近い血管をちぎって内出血させます。血液は腹腔に溜まり、その血はすべて腸詰めにして食べます。一方、カザフ式は、客がいる場合は、まずゲルの中にヒツジを入れて客に見せ、イスラーム式の祈りをあ

写真14　写真5　イスラーム式の祈りを捧げて、ヒツジの首をナイフで切り、血を出す

写真15　ヒツジの解体

写真16　イヌワシ

げます。それからナイフで首を切り（写真14）、外で三本の棒で体を逆さに吊るし（写真15）、血はすべて抜き、捨てます。こうして初めて、この肉はハラール（イスラーム法上食べられる）となります。

さらに、カザフではタカ狩りの習慣と技術も伝承されています。タカ狩りとは言うものの、カザフが実際に使う鳥はタカよりも一回り大きいイヌワシです（写真16）。

カザフスタンへの移住

１９９１年、カザフスタンのナザルバエフ大統領はカザフスタンの「カザフ化」を図るため、世界中のカザフにカザフスタンへの移住を呼びかけました。１９９２年にはモンゴルとカザフスタンの外交関係が樹立されました。１９９３年にナザルバエフ大統領がモンゴルを正式訪問し、カザフスタン・モンゴル間の移住計画が調印されました。

この頃、モンゴルでは民主化によってナショナリズムが高揚し、モンゴル伝統文字が復活して、国内のカザフにもモンゴル文字の学習を義務づけるようになりました。こうしたモンゴル・ナショナリズムに対抗するように、カザフ・ナショナリズムも起こりました。

またこの頃、モンゴルに対する旧ソ連の経済支援が停止し、急激な市場経済化によりモンゴル経済が悪化しました。辺境地域であるバヤンウルギー県では、多数の失業者が出ました。こうしたモンゴル国内の社会状況もカザフスタンへの移住を後押しすることになりました。

モンゴル国にいた12万人のカザフのうち、半数の6万人がカザフスタンへ移住し、そのうちの2万人がカザフスタン国籍をとりました。

2007年に、県都ウルギー市から南東へ75㎞離れたトルブ・ソムを調査しました。トルブ・ソムの人口は約4800人で、全員がカザフであり、77％が牧畜に従事しています。ある遊牧民男性（当時47歳）に聞くと、その人の子ども2人はカザフスタンに留学中で、彼の兄は2年間出稼ぎに行っていたそうです。カザフスタンは1999年に首都をアルマティからアスタナへ移しました。新たな首都建設のための建築現場で働く人手が必要で、彼の兄も、建築工事ではひと月に1500～2000米ドルの収入（モンゴル人の平均的な収入の約10倍）を得ることができたそうです。

しかし、カザフスタンでも市場経済化により経済的・社会的混乱が起こり、移住者に対する援助が制限されるようになりました。コルホーズが相次いで倒産し、多くの移住者が失業しました。その結果、移住者の貧困化が深刻になり、モンゴルへ戻る人も出はじめました。移住者の帰国によって、モンゴル西部のカザフ社会にさまざまな社会問題が生じているのが現状です。

市場経済化・民主化によるバヤンウルギーの町の変化

バヤンウルギー県の中心部にはさまざまな店が開店しています。2012年8月、モンゴル系の住民が経営しているレストランとホテルを訪問しました（写真17）。バヤンウルギー県でモンゴル系住民が大きなビジネスをするのは難しいようです。この店は数少ない成功例です。経営者たちは、カザフの祭の際には、カザフの年配の人たちを呼んで、ごちそうしたり、みやげを持たせたりしているそうです。モンゴル系住民の店でも、今はカザフ語の看板をかけています。

カザフが経営するカザフ民芸品の店も訪問しました（写真18）。2000年に訪れた頃とは様変わりしていました。オーナーがバヤンウルギー県議会の議長をしていたこともあり、中心部のいい場所を購入して事業を始めたそうです。以前はバーで、ビールなどのアルコール類を出し、カラオケがありました。しかし、そのバーは民芸品店に変わっていました。オーナーの息子と娘が、カザフスタンとトルコへ留学に行き、帰ってきたときに、「お酒を売るような悪いことはしないでほしい」と両親を説得したからです。イスラーム教では飲酒は許されないため、家族で相談し

写真17　モンゴル系住民が経営者するホテル

写真18　カザフ民芸品店

てカザフ民芸品店に変えたとのことでした。

その隣にトルコ料理のレストランがありました（写真19）。現在バヤンウルギー県にはトルコ人も住んでいます。トルコ語と英語を中心に授業をおこなう学校もあります。

早朝6時頃、町の広場にたくさんの人が集まっていました。荷物をたくさん積み込んで3、4台の小型バスに分乗して、新疆ウイグル自治区の国境に向けて出発して行きました。中国に入るためのビザが必要ないため、簡単に往来できます。中国を経由して、留学などのためカザフスタンやトルコに向かう人もいるそうです（写真20）。

写真19　トルコ料理のレストラン

写真20　カザフスタン、トルコへの乗合バス

伝統文化の復興と観光

社会主義の時代には、カザフの伝統行事は禁止されていましたが、民主化のあと急激に復活

しました。その背景には、隣国カザフスタンの影響があります。カザフスタンとの往来が活発になり、祖国ともいうべきカザフスタンの文化復興を目の当たりにして、触発されたことがひとつの要因です。しかしそれ以上に、社会主義下で抑えられていた伝統文化への愛着が、一挙に発現したことが大きいのかもしれません。

モンゴルのカザフ社会には、次のような伝統的な祝祭があります。ナウルズ（カザフの新年）、クフテム（4月の春祭り）、トイ・メレケイ（7月のモンゴル・ナーダム祭）、ラマダーン（断食月）、オラザ・アイト（3日間の断食明け祭）、シネ・ジル（西暦の新年）、クルバン・アイト（2月の3日間）、アイト・ナマズ（犠牲祭）。その中で最大の祝祭が「ナウルズ」です。バヤンウルギー県ではこのほかに「イヌワシ祭」（タカ狩りの技を競う祭り）もカザフ伝統の重要な行事になっています。

「ナウルズ」は、「太陽の日」を意味します。カザフにとっては春分の日が1年の区切りであるため、この日（3月21日）に家族が集い、22日の朝、年長者の家を訪問してアマンダス（元旦の挨拶）をおこないます。アクサカル（カザフ語で白いひげ）と呼ばれる長老の家に集って、家畜の無事と家族の幸福を祈り、新年を祝うのです。

バヤンウルギーでは、ナウルズやイヌワシ祭になると、中心部の広場にいくつかのゲルを建てて、ゲルの中でカザフの伝統的な儀礼や習慣を観光客に紹介します。これには政府からも援助があります。90年代になってモンゴルの大統領が「モンゴル国のひとつの祭としてやりましょう」と決めたからです。ゲルごとに担当があって、ひとつのゲルでは結婚式の様子を紹介

写真21　旧正月「ナウルズ」結婚式の再現

写真22　イヌワシ祭り

しています（写真21）。しかし、彼らは自分たちの文化をよく理解していてやっているわけではありません。途中で「これはどうするの？」「これはわからないんだけど、こうでよかった？」などと、観光客の目の前で、このような会話が交わされることもあります。

　ナウルズは伝統の「カザフの正月」ということで復興されたのですが、一方で「イヌワシ祭」は新しくできたお祭りです。毎年10月に開催されます。地域振興のため、観光会社を経営している人たちが、外国人の資本なども取り入れて、一緒に祭をするようになったのが始まりです。観光会社やツアー会社の宣伝は、カザフの伝統的な文化、行事を取り入れたものとして紹介されています。

　イヌワシ祭は、今ではカザフ社会の伝統的な祭のひとつとなりました。男性たちが馬に乗って、周辺地域からも集まってきます（写真22）。カザフらしい衣装やイヌワシを持つ立ち居ふるまいを競うコンテストもあります。これは観光目的でおこなわれていますが、祭の中に、カザフの伝統的な文化要素がたくさん含まれています。

しかし、バヤンウルギーの中心から2時間ほど離れた、カザフの伝統が強いトルブ・ソムの男たちは、その祭になかなか出たがらないのです。彼らは「私たちは昔からイヌワシを飼ってきた。でもそれは祭のためではなく、狩りをさせるために山から獲って、調教して持っているんだ。冬にイヌワシを連れて狩りをする。狩りに使うイヌワシは、人がたくさん集まる祭のために見せることはできないんだ」と話してくれました。

トルブでは昔から伝統的な遊牧生活をおこなっています。2002年にカザフの牧民たちの夏営地で結婚式にも出合いました。モンゴル系の人の結婚式の場合は、来客の前にあらかじめ肉などを煮て準備しますが、カザフはヒツジを生きたまま用意します。そして結婚式の開始時に、客にそのヒツジを見せ、神様にも許しを求めて、礼拝し、それから解体を始めます。時間がかかりますが、その間に遠くから来た親戚といろんな話をする時間をつくっているわけです。

あるカザフの100歳のお祝いにも参加しました。このときに相撲大会がおこなわれ、モンゴル系民族も一緒に参加しました。モンゴル系が勝つかカザフが勝つか、微妙な緊張関係が垣間見られました。

イスラームの復興

カザフ社会ではイスラームが復興しています。

写真23　モスクでの礼拝

1990年代以降、カザフスタン、トルコ、サウジアラビアなどさまざまな国からの支援があり、多くのモスクが建ちました。現在、バヤンウルギー県だけで40近いモスクがあります。県の中心には10以上もモスクができています。2012年8月、県中心にあるモスクを訪れると、金曜日の礼拝に若者も含めおよそ200人が集っていました（写真23）。

国外からの資本が入って、民間のモスクもたくさん増えています。メッカに巡礼に行く人も増えています。留学して宗教を学び帰国した人たちが、仲間から資本金を募ってモスクをつくった例もあります。モスクに若者を集めて教育を受けさせ、留学させるシステムもできました。

トルコやサウジアラビアに外交官や大使として行っていたような人がリーダーとして積極的に活動し、留学制度を支えています。モスクのリーダーも非常に熱心で、そうしたキーパーソンが宗教や伝統の復興に大きな役割を果たしています。

トルブ・ソムにもモスクがあります。このモスクの経営者はモンゴルのムスリム組織の会長です。子どもたちに無料でアラビア語を教えています。子どもたちは意味がわからなくてもアラビア語が読め、コーランが読めるようになっています。

あるモスクは2階建てで、2階では女性や女の子たちが礼拝をしていました。昔は女性が礼拝することはなかったのですが、最近は変わってきました。礼拝に来ていた女の子に「いくつの時から礼拝に来ているの?」と聞くと、「小さい時からです」と答えてくれました。民主化によりイスラーム信仰が復活して20年を経て、今は確実に定着しています。

モンゴルにおけるカザフ・エスニシティの位置づけ

最後にモンゴルの「民族構成」におけるカザフの位置づけを考えてみたいと思います。社会主義の時代には、「社会主義的モンゴル民族（ウンデステン）」が目指されていました。つまり、モンゴル国民全体が一つのウンデステン（民族）であり、各エスニック集団はヤスタンと呼ばれました。

民主化後、カザフ民族統一運動が結成され、モンゴル国民大会議に、「モンゴルのカザフをウンデステン（民族）とすること、バヤンウルギー県に対して自治権を与えること、カザフ語を公用語として認めること」などを要求しました（カザフ民族統一運動）。これは、「二つのウンデステン（民族）と多数のヤスタン」というエスニック構造への転換を求めるものでした。

これには、独立したカザフスタン国の影響も大きいでしょう。モンゴルは、カザフスタンを経済的パートナーシップとして位置づけており、国内のカザフへの待遇も重要な要素となっているのです。

一方で、カザフだけ優遇されてしまうと、バヤンウルギー県の中の他のマイノリティに問題が生じます。たとえば2005年4月、「トゥバ・ウリヤンハイ連盟」が設立されました。その連盟が公開した手紙には、「バヤンウルギー県にカザフ民族だけが居住しているという間違った認識によって、ほかのヤスタンの存在が忘れられ、ウリヤンハイに滅亡的危機が迫っている」と記されています。

こうした問題がある中で、「ナウルズ」「イヌワシ祭」などの祝祭では、カザフとそれ以外のエスニック集団との文化的交流が強調されます。記念祭典やパレードにおいては、カザフとモンゴル系エスニック集団の人びとが一緒に登場したり、カザフがチンギス・ハーン時代を再現し演技したり、また、カザフの伝統競技とともにウリヤンハイの弓矢が登場したりします。

この2つの祭には、カザフの民族アイデンティティや伝統文化の再確認、あるいはカザフ社会の統合などの意図がある一方、国家の一員であることを表明するという側面もあるのです。また、バヤンウルギー県内の他のマイノリティへの配慮もうかがうことができます。

現在のモンゴル国の立場としては、カザフの自治を一定程度認めつつ、カザフを公用語とすることは認めていません。民主化後におけるウンデステンの再定義は確定しておらず、新生モンゴルにおいても、多文化共生と国家統合の両立への試行が続けられています。

3　トナカイ遊牧民「ツァータン」――激動のモンゴルに生きる辺境のマイノリティ

国家に翻弄された人びと

チュルク系民族のトゥバはモンゴルの北西に国境を接するロシア連邦トゥバ共和国の主要民族です。彼らの一部は、以前トゥバ共和国とモンゴル国の国境付近を季節ごとに移動しながら生活していましたが、１９４４年に同共和国がソビエト連邦に併合されて国境が閉鎖されたあと、モンゴル国内に留まるようになりました。

モンゴルでは彼らを「ツァータン（トナカイを持つ人）」と呼んでいます。ツァータンとは、狭義には、モンゴルの山地タイガ地帯でトナカイを飼養しながら1年を通してオルツ（天幕）に居住して季節移動を続ける人びとです。そのような人びとは現在30家族ほどで、２００人にも満たない少数です。広義の「ツァータン」はモンゴルに住むトゥバ民族をさします。ツァータンの母語はもともとトゥバ語ですが、現在はモンゴル語とのバイリンガルが多く、モンゴルで教育を受けた若い世代は主にモンゴル語を話します。

私は、１９９３年9月から２００２年8月までの間に、いずれも短期間ながら11回の現地調査をおこないました。初めてツァータンの世界に足を踏み入れたとき、円錐形のオルツに住み森の中を移動しながらトナカイを飼う人びとの暮らしを見て、「悠久の昔から変わらない生活」という印象を持ちました。しかし調査を進めると、ツァータンの社会が、ソ連とドイツの間の戦争、1944年のトゥバ共和国のソ連への併合、それを機としたモンゴルへの亡命、亡命後のモンゴルにおける社会主義の強化とネグデル（農牧業組合）への編入、90年代以降の民主化と市場経済化など、ツァータンの人びとが一世代の間にさまざまな社会変動にさらされ、彼らの社会がかろうじて維持されてきたこともわかりました。

ここではとくに、20世紀の国際関係や国家体制の激動によって辺境地域の極めて小さなエスニック集団であるツァータンの生活と社会が、どのような影響を蒙ってきたかを中心に紹介したいと思います。

森の生活・トナカイの放牧

ツァータンはモンゴルでも最も寒冷な最北端の県フブスグルのツァガーンノール（白い湖）・ソムという行政区に居住しています。冬の気温はときにはマイナス50度まで下がり、夏でも冷涼な地域です。また、モンゴルのほとんどは乾燥したステップや半砂漠地帯ですが、この地域は、年間平均降水量が320㎜と比較的雨が多く、樹林が広がる「山地タイガ」となっています。

ツァガーンノール・ソムは同名の湖（白い湖）の西側に位置しています。以前はソム中心に「狩りとトナカイ飼養の国営企業」がありましたが、国営企業は１９９０年代半ばまでに解体し、家畜は私有化されました。ソム中心には、国境警備隊基地、ソム役場、病院、学校、幼稚園、郵便局、気象局などの公的機関や、現在は民営化された商店やホテルがあります。そして、周辺の草原には、ウシ、ヤク、ウマ、ヒツジ、ヤギ、（まれにラクダ）を飼う遊牧民も住んでいます。

ツァガーンノール・ソムの全人口は、１９９６年の統計では１２８３人２８８世帯でした。ダルハッド・モンゴルがその過半数の約１５０世帯、モンゴル全体ではマジョリティのハルハ・モンゴルはわずかに約10世帯です。トゥバは約１００世帯でしたが、夫婦ともトゥバの世帯はその半数、残りはダルハッドを配偶者とする世帯です。実際にタイガでトナカイを飼っているのは、先に述べたように30世帯ほどにすぎません。トナカイ総数は１９７７年のピーク時には２０００頭余でしたが、２０００年頃には約６００頭に減少していました。

最初のツァータン社会の調査は、１９９３年9月、地理学者のスフバートル氏（当時モンゴル科学アカデミー）と、通訳として参加してくれたエンクチュルン氏（当時通産省官僚）の協力によって実現しました。ロシア製ジープをチャーターし、欠乏していたガソリンをなんとか確保し、ウランバートルを出発しました。山岳地域のボルガン県に一泊し、翌日の夜、モンゴル最北の都市ムルンに到着しました。そこからさらに北に向けて走り、山岳地域のぬかるんだ悪路と格闘し、途中の遊牧民のゲルに泊めてもらい、その翌日の午後にようやくツァガーンノールのソム中心に到着しました。そこは、ツァガーンノール（白い湖）の畔に位置する標高1650mに位置する小さな集落で、砦のような国境警備隊の基地がありました。その晩は、親切な国境警備隊長に招かれ、基地の宿舎に泊めていただきました。

翌朝、初雪が舞い始めたのですが、スフバートル氏、エンクチュルン氏と共に、隊員に案内され、馬で砦を出発しました。黄色に染まったカラマツの林といくつかの峠を越え、深夜にツァータンのツェウェルお婆さんさんのオルツ（天幕）に到着することができました。ツェウェルさん一家は、トナカイ・ミルク茶と食事を用意し、毛皮を敷いた寝床を提供してくれました（写真24）。疲れた体を横たえたときオルツの頂点の隙間から吹き込んでいた雪、翌朝初めて目にした雪原を進むトナカイの群などは今も忘れられない光景です。スフバートル氏によれば、外国人がツァータンの調査に訪れたのは初めてとのことでした。このときの調査では、トナカイの乳搾りや放牧の様子を見ることができました（写真25）。

写真24　ツェウェルさんと家族

冬の生活を見るため、翌1994年2月に再びツァータンの居住地を訪問しました。こんどはムルン市まで空路で入り、そこでジープをチャーターしました。冬には地表が完全に凍結するため、ぬかるみに悩まされることはありません。しかも、ツァガーンノールの国境警備隊基地からは、ジープで凍った河の上をハイウェイのように走って、ツァータンの宿営地のかなり近くまで行くことができました。そこからは徒歩で進み、日没前に、カラマツの森の中にひっそりと佇んでいたツェウェルさんのオルツに着くことができました。標高1800mほどの森の中に、ツェウェルさんとゴストヤ氏のテントが立てられていました。木立を利用してつくら

写真25　トナカイの乳を搾るハンダーさん（ツェウェルさんの娘）

写真26　冬営地で囲いから放牧地に出るトナカイ

れた囲いがあり、そこにトナカイたちが集められていました。マイナス20度以下の極寒の地ですが、風がないので日中はちょっと暖かく感じられました。

毎朝、トナカイたちは囲いから雪原に放牧され（写真26）、前脚で雪を掘って雪の下にあるトナカイゴケを食べます。木立を使った棚に保存された肉塊やトナカイ・ミルクは、天然の冷凍庫のように、凍結しています。ハンダーさんが、雪を解かして湯を沸かし、ミルクの塊を切り取って入れ、乳茶をつくってくれました。また、このときに、ツァウェルさんの弟のゴストヤ氏に初めて会いました。ゴストヤ氏はツァータン社会のリーダー格の一人で、広い世界の事情にも通じ、シャーマンでもありました。この調査では、極寒期における森の中のツァータンの生活とトナカイ遊牧の実態を知ることができました。

写真27　トナカイに乗って放牧する少女

同じ1994年の夏に3回目のツァータン調査を実施しました。その年は雨が多く、増水した河を馬で渡るのに悪戦苦闘し、2日目になんとか夏の放牧地メンゲボラッグを訪問することができました。そこは標高2300mほどの高原に位置し、年間を通じて寒冷なため、森林上限を超えた草原となっています。地形的には、かつて氷河の浸食によって形成された氷食谷（なだらかなUの字に似ているため「U字谷」とも呼ばれる）で、風がよく通り、真夏でも涼しくて快適な場所です。トナカイは寒地に適応した家畜で暑さに弱いため、また蚊をさけるため、夏はこのような高原で放牧する必要があります。そうした場所は限られているため、ツァータンの十数家族がこのメンゲボラッグに集まっていました。隣の家族まで数キロという比較的近い距離にあって、お互いに訪問しあうことができます。トナカイたちは高原の潅木の新芽を食べます。トナカイに乗った少女が放牧のトナカイ群を追って誘導していました（写真27）。夏営地には薪にするための木がないので、移動前から薪を準備し、50頭ほどのトナカイで運びます。

季節ごとの移動の生活

3回の調査によって、ツァータンの一年の移動のサイクルがわかりました。ツェウェルさんの集団は、6月中旬から7月下旬まで、夏営地メンゲボラックで生活します。トナカイの角は毎年春から生えてきて、夏になると枝分かれして大きくなります。角は皮膚に被われていて、夏に熱を発散して体温調節の役割をします。秋になると皮膚が自然に落ちて、「骨角」となり、それも冬には自然に落ちます。皮膚に被われた状態の角を「袋角」といいますが、それを切って乾燥すると薬になります。夏の間に、トナカイの角切りが2回に分けておこなわれます。6月中旬から大きい雄トナカイ、7月中旬から2、3歳の雄と仔を産まない雌の角を切ります。暑さに弱いトナカイにとって、袋角を切ると健康にはよくないため、子ども

写真 28　秋営地に向かう季節移動の準備

写真 29　トナカイの季節移動

写真 30　トナカイのキャラバン。下り坂でトナカイを引く。

を産むメスのトナカイの角は切りません。

7月下旬にはメンゲボラックは寒くなるので、ツァータンは少し標高の低い秋営地に移動します（写真28、29、30）。9月からは雪が降ります。雪が降るとトナカイが元気になります。その時期に若い雄の去勢をします。9月末から10月初め頃に、トナカイは交尾します。妊娠期間は約7カ月です。

10月中旬には、数十キロの距離を2、3日かけて移動し、比較的暖かい山間の森の冬営地に設営します。トナカイは前脚で雪を掘り、雪の下で生長しているトナカイゴケを食べます。ツァータンは、トナカイゴケの状態に応じて森の中で何度か移動します。春になると、妊娠したトナカイがいるので、ゆっくりと移動します。春は天気が荒れ、風が強い季節なので、山間の風が遮られる場所を選んで宿営します。トナカイは春営地で4月下旬から5月中旬の間に出産します。

トゥバからの亡命

ツァータンの長老たちは、子どもの頃にトゥバからモンゴル側に逃避してきた経験を持っています。以下はツェウェルさんから聞いた話です。

私（ツェウェル）は、1937年頃、トゥバのタヤーラックというところで生まれた。トナ

写真31　ツァータンの「イモ」。ユリネに似ている

カイを飼いながら移動していて、秋にはモンゴルとの国境の辺りに来ていた。

子どものときは祖父（父の父）ホダンと一緒のアラジ（テント）に住んでいた。祖母は小さいときに亡くなった。父ジャンバルは一度離婚し、再婚していた。私の5歳上にチョローンという兄（異母兄）がいた。

父はいつも狩りをしていた。近くの場合は1日から3日くらい、黒テンの狩りのときは、1カ月以上行くこともあった。秋と冬は黒テンを狩り、春と夏は主にシカを獲った。秋と冬と春には雪があるのでトナカイに乗って狩りにでかけた。夏は馬に乗っていった。昔は動物が多く、狩りはよくできた。クマも年に2頭くらい獲った。クマの脂は暖かくなり、手に付けると寒さによい。父がクマを獲ったときは楽しかった。

トナカイは仔を含めて15頭くらい飼っていた。搾乳する母トナカイが5、6頭、ザリ（雄の乗用トナカイ）が5、6頭いた。7、8頭のウマ、1頭のウシもいた。トナカイの世話は、主に兄と私がしていた。朝搾乳したあと、寒い日はトナカイが食べる草をとってくることもあった。母は家の仕事と、小さい弟たちの世話をしたり、服をつくったりした。

子どもの頃、小麦粉はほとんどなかった。野生のイモ（2~10㎝）をとってよく食べた（写真31）。そのまま煮て食べることも、粉にしてスープにすることもあった。魚もよくとった。サケが遡ってくるのを、網や素手でとった。

7歳から学校に行くようになった。学校は8年制で、生徒は60～70人だった。草原の家畜を飼うトゥバと、ツァータン（トナカイを飼う人）と、ロシア人がいた。授業は4年生までトゥバ語でおこなわれ、5年生からロシア語でおこなわれていた。

学校の寮に入っていたとき、目の病気にかかった。（モンゴルに来てから亡くなった）弟も入学したが、肺の病気にかかった。そこで父親が、「学校の生活に合わない、場所がよくない」「モンゴルの方に行こう」といい、移動することになった。3年生になる前、10歳のとき（1948年頃）で、一家でモンゴルに来た。そのとき、下の弟のゴストヤは数カ月の赤ん坊だった。同じ頃7家族がモンゴルに来たが、そのうち4家族は元の地方にもどった。

当時、国境については知らなかった。（軍隊に見られないように）夜に歩いたから、国境はあったと思う。国境線があって出入りできない、ということを知ったのは、30歳くらいのときだ。

トゥバの軍隊に強制的にトゥバ側に連行されながら、再びモンゴル側に逃げてきた家族もいた。

当時のトナカイ遊牧民の一部が、危険を犯してまでモンゴル側に逃避してきた背景については、シベリア先住民の歴史を知るとよく理解できます。フォーシスの著書により、その背景を探ってみましょう（J・フォーシス『シベリア先住民の歴史――ロシアの北アジア植民地1581-1990』森本和男訳、彩流社）。

1941年6月のソビエト軍の対ドイツ戦の大敗走後、ソ連全土で兵と物資の大動員がかけられました。シベリア先住民も、森やツンドラの生活で身につけた特殊技能のため、斥候《せっこう》、スキー部隊、狙撃兵として動員されました。トナカイ遊牧民はトナカイで軍需品の輸送をさせられました。トゥバはまだ独立した国家でしたが、ロシアに併合される1944年の前夜から、先住民の戦争への駆り出しが始まっていました。共産党の宣伝に応じて、多数のトゥバの青年も赤軍に志願していました。トゥバ人民革命党の反ロシア勢力は一掃され、1944年にソ連との同盟を希望するトゥバ傀儡政府からの「要請」が受け入れられ、タンヌ・トゥバ人民共和国はロシア共和国の「自治」州とされました。

1944年当時、トゥバの人たちの多くは、草原ではウマ、ウシ、ヒツジの群を飼い、あるいは山地の森林ではトナカイの群とともに遊牧生活を送っていました。しかし、戦争遂行のため、食肉用に家畜を徴発されます。トゥバの家畜の頭数は、1940年頃には100万頭から150万頭でしたが、1945年に家畜の頭数は76万頭に減少していました。さらに、牧畜の集団化が1948年に実施され、個人の家畜が取り上げられました。

1944年以後、トゥバとモンゴルの間の国境が閉鎖されましたが、上記のような背景のもとで、それまで国境付近を遊牧地域としていたトゥバ民族がモンゴル側に逃れてきたのです。長老たちからの聞き取りでも、何週間もかけた逃避行の思い出が語られました。逃避の理由は、もともと国境付近で移動していたこと、モンゴル側の草原の人びととの交易などの親密な関係があったことに加え、ロシア側では戦争で食物が少なくなったこと、そのため病気が増え、学校で子どもたちが死んだこと、コルホーズが始まり家畜がロシア政府によって徴発されたことなどです。

ネグデル（組合）とトナカイ飼養

表面上、独立を維持していたモンゴルでも、ソ連の強い影響のもとに、1950年代末から牧畜の集団化を進め、ネグデル（農牧業組合）が組織されます。ネグデルでは、家畜は集団の所有とされ、牧民は2、3家族がひとつの作業単位となります。それぞれが特定の家畜を請け負って放牧するようになり、移動ルートも管理されるようになりました。牧民は給料を受け取り、家畜は自由に売買することはできなくなりました。一方、各ネグデルの中心に定住区が設けられ、社会主義的近代化が進められました。そこに役所、各種工場、病院、獣医施設、サービス施設等が建設されました。

トナカイ飼養もこのネグデルのブリガード（支部）として編入されました。ただしトナカイ飼養の場合、従来の遊牧のシステムは基本的に踏襲されました。四季に応じた季節移動やトナカイ管理のさまざまな技術など、タイガのトナカイ飼養の伝統はそのまま継続されたのです。しかし一方で、ツァータン社会は、モンゴルの辺境にありながら、ネグデル（のちに国営企業となる）によって、社会主義体制にしっかりと組み込まれることになります。

ネグデル以前は、一部の大所有者を除き、一般のトナカイ飼養者は数頭ないし十数頭のトナカイを所有し、食糧源の多くを狩猟に依存していました。トナカイは、どちらかというと、狩りのための乗用・輸送手段として利用したのです。ツァータンの人びとは子どものころ父親と一緒に狩りにいった思い出を語ります。しかし、ネグデル以後は、小麦粉が容易に手に入るようになり、食糧源としての狩猟への依存が軽減されました。その結果、ネグデルのトナカイが増えるにつれ、一家族あたりのトナカイ数はかなり増加し、ツァータン社会は、トナカイ遊牧＝狩猟複合から、専業的なトナカイ遊牧へと移行したのです。

ツァータンの人びとは、トナカイの袋角をネグデルに納入し、月給を支給されました。彼らは、ソム中心で小麦粉を買い、自家製の麺で肉うどんを料理したり、パンを焼いたりするようになり、草原遊牧民と同様に新たな食習慣を身につけました。さらに、衣類・食品などの供給や、教育、情報、その他の公共サービスもモンゴル全国の標準なみに確保され、ツァータン社会のモンゴル化と近代化が進みました。

ネグデルが設立されてまもなく、ツァータンの定住化政策も始まりました。1960年に政府はオランオールのソム中心にツァータン定住村と木材工場を建設しました。さらに、1962年にツァガーンノールの畔にツァータン定住村と漁業会社が設立されました。こうして、ツァータンの多くは、定住区で林業や漁業に従事するようになりました。

1960年の時点では、ネグデル所有のトナカイは74頭で、2家族だけがタイガでトナカイを飼育しました。しかし、1966年頃になると、トナカイ数が500～600頭に増えました。すると、いったん定住した家族の一部がタイガにもどり、遊牧を再開しました。

モンゴルの市場経済化による影響

1990年代になると、モンゴルは社会主義を放棄し、民主化・市場経済化への道をとりました。同時に、ロシア経済とコメコン体制の破綻も、モンゴルに直接的な影響を及ぼしました。ロシアへの輸出に頼っていたツァガーンノールの漁業や林業は打撃を受け、定住していたツァータンの多くが失業したため、タイガにもどってトナカイ飼養を再開したのです。ツァータン社会は再び大きな変動を経験します。

ツァガーンノールの国営企業は破綻し、1995年9月からトナカイが全面的に私有化されることになりました。この私有化は、モンゴル全国の動向（草原の家畜の私有化）より、3～4年遅れて実施されました。以後、トナカイ数は減少します。2000年頃には、民営化直前の約半数にあたる約600頭に減少し、ツァータン社会は存亡の危機に直面しました。

ゴストヤ氏は、トナカイ減少の直接的な要因として、①獣医、薬などのサービスがなくなったこと、②ソム中心に住んでいた人に仕事がなくなってタイガにもどったが、人口が増えて食糧の必要量が増加したこと、③経験不足でうまく世話ができない人のトナカイが死んだこと、④とくに若者は、個人のものになったと思ってトナカイを売ってしまったこと、をあげました。

ゴストヤ氏は、ネグデル（のちに国営企業となる）の生活と、市場経済化後の生活を比較して、次のように述べていました。

ネグデルや後の国営企業のとき、トナカイは、大人1人あたり最低20頭は飼う義務があった。月に1頭あたり2トゥグルグの給料を受け取った。小麦1kgが1トゥグルグだった時代で、生活に必要な量は給料で十分買うことができた。働かないでぶらぶらしている人がいると、企業長が批判されるので、指導された。

国営企業の時は、医者、獣医、薬、郵便、新聞、生活物資がそろっていた。新聞と郵便は週2回配達された。2週間に1回くらい、医者が巡回した。妊婦は2週間くらい前にソム中心の病院に入った。獣医も、出産期など必要なときに巡回した。生活物資は担当者がソム中心から商品を預かって、各戸を回って配達し、給料から差し引いた。

ネグデル・国営企業の時の生活はよかった。そのときトナカイも最も増えた。人の生活がよくなるとトナカイが増える。国営企業の時と今とで、移動のやり方はあまり変わっていない。しかし、獣医などのサービスが一切なくなって、トナカイの数も減って、生活が難しくなった。

ゴストヤ氏が言うように、市場経済化により、給料だけでなく、公共のサービスがすべてなくなってしまったため、ツァータンの生活レベルは低下し、さまざまな問題が生じました。ツァータンたちは、新たな状況にさまざまな対応をしてきました。食糧を補うため、ツァータンの生活に、森での狩猟と（ツァータンの「イモ」などの）採集、川での漁が復活しました。トナカイ遊牧＝狩猟採集複合がある程度復活したといえます。現金を得るためのブルーベリーや松の実の採取も重要となりました。しばらく流通が途切れていたトナカイ袋角は、ブローカーを通じて売れるようになりましたが、流通経路は以前のロシアから中国へと変わりました。

一方、世界に知られるようになったツァータンに対し、モンゴルに進出したＮＰＯや海外からさまざまな援助のオファーが届くようになりました。現地事情のわからない団体の援助には、不要な物資を贈るなど不適切なものも多かったため、私の共同研究者であるスフバートル氏がその調整役を務めるようになりました。

新しい時代への適応

民主化・市場経済化のあと、ツァータン社会にもうひとつの新しい波がおしよせるようになりました。１９９8年の8月、私の滞在中にイギリスの乗馬ツアーの観光客約十数名がツァータンの夏営地を訪れました（写真32）。オランオール居住のガイド（ダルハッド）の案内により、ツァータンの居住地に数時間滞在し、生活を見学して写真を撮ったあと、去っていきました。このような乗馬ツアーは、その夏は2組目だとのことでした。私はツアー・コンダクターの女性ジャーナリストや観光客と話しましたが、彼ら自身、ツァータンが自分たち観光客をどのように見ているか、ということを大変気にしていました。エコ・ツーリズム的な乗馬トレッキン

写真32　ツァータンの居住地を訪問する乗馬ツアーのイギリス人観光客

写真33　ソム中心の草原に着陸した観光ヘリコプター。ツァータン居住地にも訪れるようになった

グが主目的で、観光客としてはレベルの高い人たちという印象を受けました。

さらに、私が夏営地からソム中心へ向かう途中、上空を大型ヘリコプターが通過しました（写真33）。後から得た情報によると、日本人のツアーで、ツァータン居住地の近くに着陸して数時間観光したあと、ムルンの空港にもどったそうです。このようなロシア製大型ヘリによるツァータン観光は、ドイツ、イタリアのグループに次いで、日本人グループが3番目とのことでした。

観光が主要産業のひとつと位置づけられるモンゴルで、ツァータンの観光化は避けられない流れでしょう。モンゴルの中でも、とくに珍しい「トナカイ遊牧」世界は秘境中の秘境として宣伝されるようになりました。世界中のガイドブックにツァータンのことが記述され、ムルン市の空港待合室の観光広告にも「ハトガルに来て下さい。1日ツアー、ダルハッドの谷、ツァータン（トナカイ牧民）、その他あらゆる目的地へのトレッキングのために、馬と確実なガイドがご用意できます」と記されていました。

観光は夏の限られた時期だけに限定されますが、その時期だけ、観光にうまく適応しようとするグループもでてきました。試行錯誤をしながら、トナカイ角に彫刻をほどこした新しい工芸品がつくられ始めました。また、ツァータンのある一家が、フブスグル湖畔のツーリスト・キャンプからの依頼で、1997年の冬から湖畔の森にトナカイを連れて移動し、住むようになりました。妻（ダルハッド）は、観光客に対し擬似的なシャーマニズムを披露していました。2000年には別のツァータンの一家も契約して、そこに住んでいました。

「観光」の生産者として

ツァータン社会は、20世紀の国際関係・国家体制の激動に翻弄されてきました。1950年前後にソビエト連邦から逃れてモンゴルに来ましたが、まもなくモンゴルでも集団化と定住化の波にさらされました。1960年代からは、ネグデル・国営企業でトナカイ袋角の生産者となりました。1990年代以後は、給料も国家からの保証もまったくなくなって生活が困窮しました。そして、90年代末ごろから観光資源の1つになったのです。モンゴルの辺境の極めてローカルな社会から、一気にグローバルな国際的観光の「消費」の対象と化したわけです。たかだか30家族からなるツァータン社会が、この津波のような勢いに耐えることは可能でしょうか。

観光によるツァータン社会の崩壊を防ぐためには、「文化センター」のような施設を設立し、（生活空間との間の）緩衝空間とする方法がひとつ考えられます。その施設では、ツァータンが、単なる観光の「消費」対象となるだけでなく、観光の「生産者」として管理運営に参加し、その経済的自立にも活用されることが重要です。スフバートル氏やゴストヤ氏とそのようなことを話しました。

ゴストヤ氏に、「今後ツァータンたちが自立していくにはどうしたらいいか」と聞いたところ、「これからはトナカイだけを飼っても生活できないから、草原の家畜も所有するように、若いツァータンたちに勧めている」「トナカイを飼うだけで生活するのは無理で、トナカイ10頭（メス5、オス5）の他に、ウマ3頭、ウシ5頭、ヒツジ10頭くらいが必要だ。トナカイ10頭から約20kgの角がとれ、約10万トゥグルグ（約100ドル）の現金収入が得られるが、食糧確保のためには草原の家畜が必要で、それを草原に住む人に預ける。現在は、トゥバ民族の仲間で、草原に下りて遊牧に従事しているので、彼らと相互協力が可能となっている。食糧の不足を狩りで補充することも必要で、夏には狩りのためにも乗用のウマが必要だ」とのことでした。

1995年からは、バトトルガ氏（当時モンゴル国立大学日本学科講師）が通訳を兼ねて調査に協力してくれるようになりました。1999年3月の調査のとき、スフバートル、バトトルガ両氏と共にツァガーンノール・ソム中心に着いたとき、ツェウェルさんが肺結核で病院に入院していました。彼女はなかなか定住区の病院に行こうとしませんでしたが、病状が悪化したため、娘のハンダーさんが母のツェウェルさんを膝に抱いてトナカイに乗り、丸一日かけて連れてきたのだそうです。病院の医師と話すと、抗生物質が不足しているというので、持参していた薬を提供し治療をお願いしました。同年夏に再訪したとき、幸いツェウェルさんは回復して夏の放牧地に居ました。

写真34　ツァータンの夏営地でウシを搾乳する

2000年の夏、ツェウェル・ゴストヤ一家に新たな変化が起こっていました。ツェウェルさんのオルツの隣に草原からもどった、ゴストヤの息子タルタッグのオルツが立ち、トナカイとともにウシが放牧されていました。タルタッグは草原の女性と結婚し、赤ちゃんも生まれて、しばらく草原で生活していたのですが、夏の間メンゲボラックにもどってきたのです。そこで、トナカイとともにウシの搾乳がおこなわれていました（写真34）。トナカイ飼養に草原の家畜飼養を組み合わせた新たな適応の形態です。タルタックは、父ゴストヤの助言を実行したのです。このようなタイガのトナカイ遊牧と草原遊牧との複合に活路を見いだす新たな生き方が、他のツァータンの間にも見られるようになりました。新しい体制・状況への適応のもうひとつの形として定着しつつあるように思われます。ツァータンたちは、長年の間に培ってきた柔軟性を発揮しているのです。

夏の間、ツァータンの夏営地でトナカイと共にウシやウマを飼っていたタルタッグ一家は、夏が終わると自分のトナカイをゴストヤに預け、自分たちはウシを追って草原に下りました。さみしげに見送るツェウェルさんを残して、私たちも夏の放牧地メンゲボラッグを後にしました。

第3章

遊牧の国の首都ウランバートル

石井祥子

1　ウランバートルの成り立ち

写真1　ウランバートルの高層ビル1階に店舗をかまえる高級ブランド

ウランバートルのいま

モンゴルの首都ウランバートルは、社会主義時代の1950年以降に計画的な都市建設が始まり、60年代から70年代にかけて近代都市として発展しました。その後、1990年代に政治体制が変わり、民主化・市場経済化されましたが、しばらくは都市構造そのものに大きな変化はありませんでした。新たなビルやマンションが建ち始め、急速な発展を遂げるのは2000年を過ぎた頃からでした。今では近代的な高層ビルが立ち並び、海外高級ブランド店が店舗を構えています（写真1）。市内には日本車が溢れかえり、慢性的な渋滞に悩まされています（写真2）。

首都人口は年々増え続け、民主化・市場経済化直前の1

989年には54・8万人[1]でしたが、2012年には130万人に達しました。モンゴル国の人口は287万人[2]ですから、国民の半数近くがウランバートルに集中していることになります。

1990年代前半は経済が破綻状況でしたが、1994年頃から日本をはじめ諸外国の援助により好転しました。さらに2010年以降は鉱産資源の採掘と輸出に支えられ、2011年のモンゴルの経済成長率は17・5%にまで跳ね上がっています（図1）。これに伴って物価も上がり、例えば、2000年には1泊60米ドルほどだった老舗のウランバートルホテルの料金は、2014年には2倍以上に跳ね上がっています。日用品や食品などの物価も高騰していますが、モンゴル人の消費活動は活況を呈しているようです。

写真２　近代的なビルと日本車であふれる道路

高層ビル群が立ち並ぶ近代的都市ウランバートルには、ゲル地区が数多くあります。そこには遊牧生活において用いられる伝統的なゲル（移動式住居）が軒を並べています（写真3）。ゲルが密集した景観はウランバートル独特であり、「遊牧社会の中の都市」という特徴を如実に示しています（写真4）。同じモンゴル人の居住する中国の内モンゴル自治区には、こうした光景は見られません。

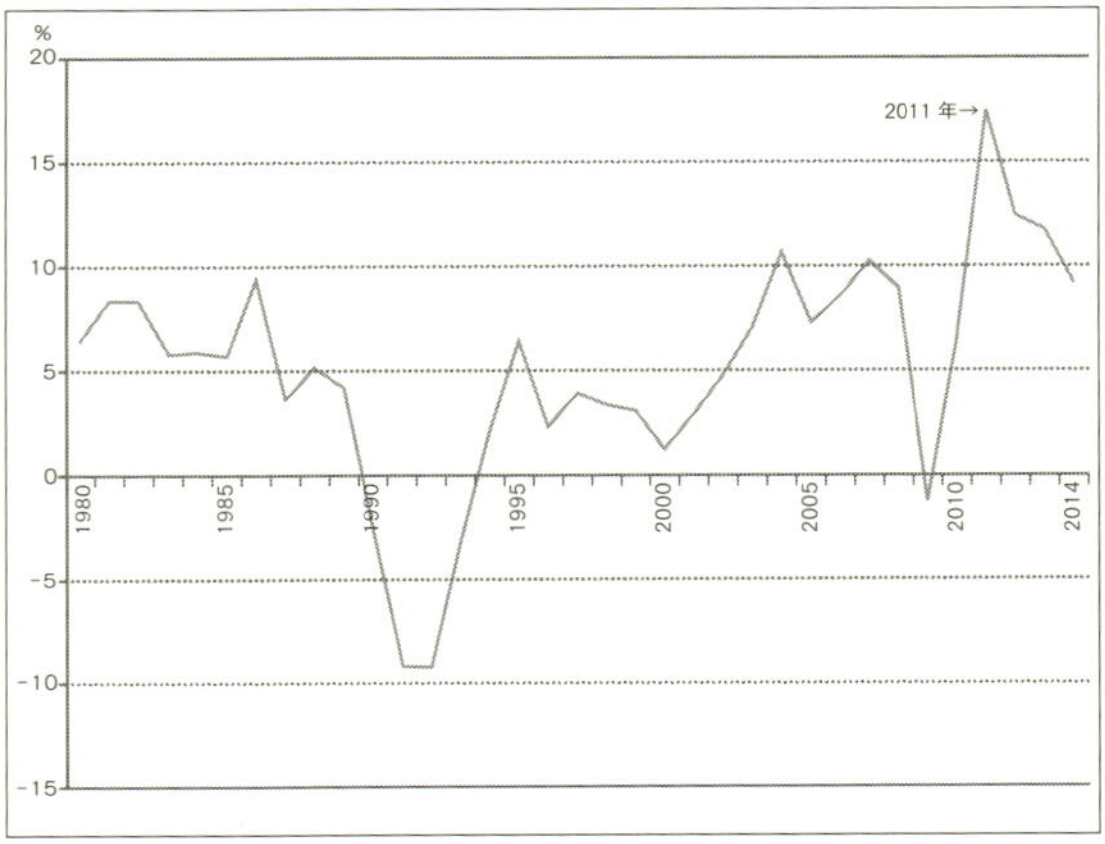

図1　モンゴルのGDP成長率（2014年の値はIMFによる2014年10月時点の推計、IMF-World Economic Outlook Databases）

写真3　ウランバートルのゲル地区

首都の歴史的変遷

遊牧社会モンゴルでは、定住を基本とする都市はなかなかつくられませんでした。13世紀初

写真4　ビルとゲルが混在するウランバートルのまち

頭にモンゴル帝国を築いたチンギス・ハーンも、移動式のオルド（大型のゲル、帳幕と訳される）に住み、固定の都を築くことなく移動していました。2代目ハーンのオゴデイの時代になってやっと首都カラコルム（ハラホリン）が建設されました。その後、13世紀後期には領土が拡大し、フビライ・ハーンは首都を現在の北京である大都に移しました。しかし14世紀になると、首都は明によって征服され、その後、モンゴル帝国は分裂・衰退の一途をたどり、主な活動の場はモンゴル高原に限られることになりました。

現在の首都ウランバートルは、帝国時代の首都とは直接的なつながりはありません。ウランバートルの前身は、1639年にチベット仏教の活仏であるジェブツンダンバ・ホトクトのゲル寺院が創設されたことに始まります（バトバヤル『モンゴル現代史』明石書店）（写真5）。寺院を中心に僧侶のゲルが集まり、当時そこはモンゴル語で「イフ・フレー（「大僧院」の意）」と呼ばれました。寺院は家畜を多数所有し、放牧のために季節移動をおこなっていました。このため首都そのものが移動を繰り返し、100年間で20回以上移動したといわれています。その後1855年に、ほぼ現在のウランバートルの位置に定着しました（Baabar: "History of Mongolia," White Horse Press、一説によれば1778年ともいいます）。当初は、活仏直属の牧畜民以外の俗人は、この町に住むことを許されていませんでした。このように当時の首都は宗教都市であり、家畜を所有して季節移動するなど、遊牧的性格もあわせ持っていました。

イフ・フレーは、次第に宗教・商業・行政の複合した国際都市へと発展していきました。19

写真5　1639年に創設された活仏のゲル寺院（Улаанбаатар Хотын Атлас、国立地理院、1990年、ウランバートル）

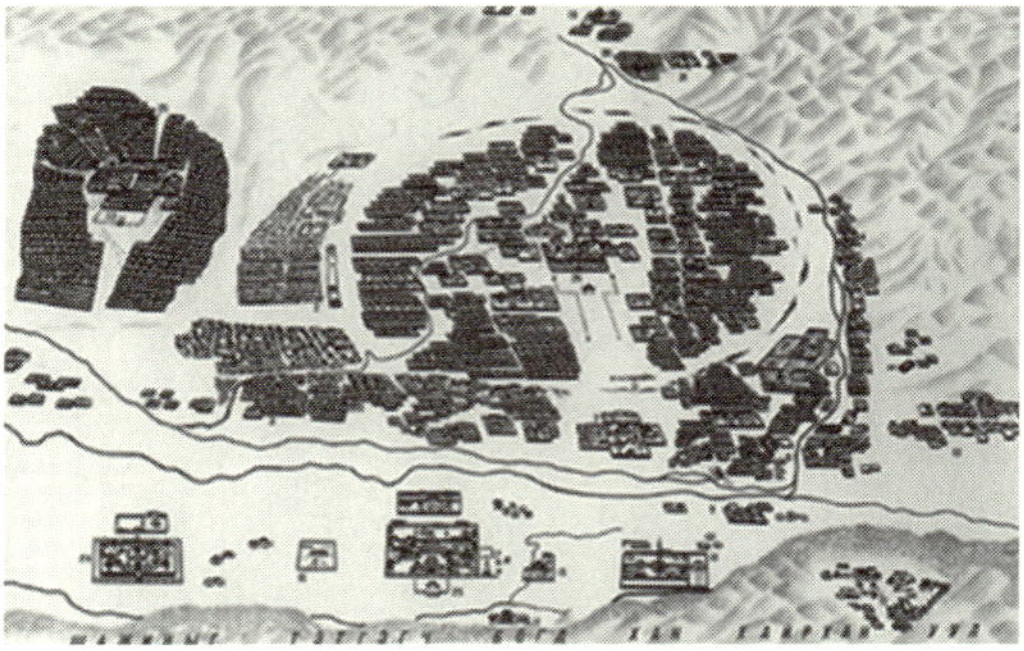

写真6　20世紀初頭のウランバートル（Улаанбаатар Хотын Атлас、国立地理院、1990年、ウランバートル）

世紀中ごろから、参拝者がそのまま住みついたり、家畜を失った貧しい牧民が流れ込んで、家内工業や商売によって生計を立てるようになったりしました。中央に僧坊地区があり、その外側に俗人のモンゴル人居住地区と漢人地区が形成され、西にガンダン寺、東には漢人の売買城（商業地区）という構造になっていました（写真6）。20世紀初めにはロシア人商人や4500人もの中国人職人が居住するようになり、約40の大きな中国系の工場と、25のロシア系の工場もでき、国際都市として発展していきました。

モンゴルの独立・社会主義化、首都への人口移動

1911年に清朝が崩壊すると、モンゴルは独立を宣言しました。これに伴いイフ・フレーは「ニースレル・フレー（首府の僧院）」と改称されます。その名前から、相変わらず僧院を中心とした宗教都市であったことがわかります。

10年後の1921年、モンゴルはソビエト赤軍の助けを受けて事実上の独立を達成します。[3]独立後もチベット仏教の活仏による君主制が続けられましたが、1924年に活仏が死亡すると君主制が廃され、国名は「モンゴル人民共和国」となりました。1922年に成立したソビエト社会主義共和国連邦の影響が強く、首都はウランバートル（赤い英雄）と名づけられ、社会主義体制となりました。

1924年にその名前から「フレー（僧院）」が削除され、宗教都市から近代的都市へと生ま

れ変わるはずだったウランバートルは、その後も都市構造に大きな変化はなく、相変わらずの宗教都市としてしばらくの間は維持され、約1万人の僧侶が居住していました（松川節『図説モンゴル歴史紀行』河出書房新社）。

その後、社会主義政策が急速に進められ、寺院財産を削減するため、寺院や僧侶に対して重い税が課せられるようになりました。1930年代には、ソビエト連邦のスターリン体制の影響を受け、寺院が所有する多数の家畜や財産が没収・破壊されました。また多くの僧が粛清されたり、還俗を迫られました。寺院は無人化し、役所や工場などに転用されました。こうしてウランバートルは一気に宗教都市としての面影を失うことになります。

1950年代からは社会主義国家の首都として、本格的な都市化が進められました。都市建設や鉱工業開発のため労働者が必要となり、政府は地方から遊牧民を呼び寄せ、都市人口が一気に増加しました。労働力の需要がプル要因（ウランバートルへ人口をひきつける理由）になりました。

この頃、牧畜はホト・アイル（2、3家族からなる宿営集団）単位の遊牧により成り立っていました。しかし中央政府は農牧業の集団化をおこなうため、ソビエト連邦のコルホーズを模したネグデル（農牧業組合）を設立し、遊牧民を賃金労働者にしました。家畜の個人所有者には高い税をかける一方、ネグデルに加入した遊牧民には極端に税金を安くしたり、資金融資が優先的に受けられるようにしました。その結果、1955年には地方人口の4分の3を占めていた遊牧家族は、1950年代の終わりには3分の1に減少したとされています(4)。多くの人びとは集団化を拒み、家畜を処分し、都市へと移住することになりました。こうした遊牧地域における集団化への拒絶反応がプッシュ要因（地方から人びとを追い出す理由）となり、首都の人口集中につながったのです。

ウランバートルの都市化と市街地の形成

１９５０年代のウランバートル市街を記録した貴重な写真があります。写真７—①～③はそのひとつで、スフバートル広場を中心とする社会主義体制下の整然とした街並みと、その周辺に立地するゲル地区が写っています。今ではゲル地区は丘陵地にも広がっていますが、当時の市街地は平野部に限られていました。

社会主義時代、ウランバートルの急激な人口増加に対応するため、住宅建設が進められました。写真８—①～③は中心部に位置するチベット仏教寺院のガンダン寺西方のゲル地区の当時の写真です。１９６８年撮影の写真（８—①）では、密集したゲル地区が確認できますが、70年代後半にはこの地区内に広い直線的な道路が建設され、その両側に高層アパートが建設されています（８—②の写真）。また、８—③の写真には、市街地中心部にも高層アパートが数多く建設された様子が示されています。

１９７０年代にはソビエト連邦からの援助により、モンゴル政府は工業化、都市の建設、鉱山開発に力を入れ、ウランバートルやその他の都市に多額の投資をしました（写真９）。政府

① 

② 

③ 

は地方から都市への移住をさらに奨励し、１９８９年には人口のおよそ60％が都市部に住み、その40％以上が地方からの移住者でした[5]。住宅供給は需要になかなか追いつかず、多くの市民は高層アパートのすぐ脇にあるゲルに住み続けました。その結果、アパート群と周辺のゲル地区という都市構造が成立したのです。

１９６０年代から70年代の様子について、ウランバートル市公務員のＯＹさん（１９５８年生まれ、女性）は２００２年に、次のように語っています。「１９６０年代、ウランバートルで最も高い建物は、国立デパートとその近くの4階建てのアパートだった。アパートの壁はピンク色で、そこには政府の役人、医師、教師など身分の高い人びとが住み、私たちは『貴族のピンクのアパート』と呼んでいた（写真10）。他に大きな建物は少なく、周りはゲルばかりだった。今の第３・4地区（ガンダン寺ゲル地区に隣接する地区で、現在はアパート・商業地区）はもともとゲル地区だったが、70年代にはゲルが撤去され、ブレジネフ（旧ソビエト連邦の書記長）による無償援助でアパートが建てられた（写真8―②）。このとき、立ち退きを拒む住民のゲルは、トラクターでつぶされ、強引に立ち退かされた。新築アパートの家賃は高く、住める人はあまりいなかった。この頃は、空港周辺と軍隊地区（ウランバートル東部）にゲル地区が残っていた。ゲルに住んでいた人は工場労働者もいれば、家畜を飼っている人もいた。店が増え、工場もできてきて、貿易も盛んになり、ドイツ、チェコ、ポーランドなどから輸入品が入り、

写真7　1950年代のウランバートルの市街→
①ウランバートル駅上空からスフバートル広場を望む
②スフバートル広場
③ウランバートル駅南西からガンダン寺方向を望む
（写真はウランバートルの写真家Ｙ氏により提供された）

写真8　1968年以降のウランバートル市街
①第3･4地区の1968年当時の様子
②第3･4地区内に70年代後半にソ連の援助で建設されたアパート
③ 70年代後半〜80年代の市街地を西方から望む
(写真はウランバートルの写真家Y氏により提供された)

その配送センターもできた」

近代的なアパート地区と伝統的な住居様式を維持したゲル地区とが並存する現在のウランバートルの原型は、こうしてできあがっていきました。

写真9　1970年代のウランバートルの都市建設の様子（発電所付近）。（元映画監督X氏提供）

写真10　1960年代、旧国立デパート前の通りとアパート。（元映画監督X氏提供）

航空写真に見る社会主義時代のウランバートル市街地

１９５０年代以降、中心市街地の計画的な整備がおこなわれ、ゲル地区が周辺地域へ拡大しました。１９６０年代以降のウランバートル市街地の拡大の様子が、１９６３年、１９７５年、２００３年時点の航空写真[6]から確認できます。

写真11は、ウランバートル市中心部にあるガンダン寺（写真中のA）付近の、１９６３年と１９７５年の様子を記録した航空写真です。社会主義体制下において宗教活動が禁止されていましたが、ガンダン寺は唯一宗教活動を許され、かろうじて破壊は免れていました。

１９６３年の写真によれば、ガンダン寺周辺にはゲル地区が広がり、その中に埋もれているかのようです。１㎞ほど西のB付近にもゲルが広がっているものの、C付近はゲルが見られず、B付近が西端でした。この頃は、DやE付近のような丘陵斜面にはゲルは分布しませんでした。また、中心市街地に近いF付近にもゲルが密集していました。

１９７５年になってもガンダン寺の状況は変わっていませんが、寺院の周辺に比較的広い空間が確保され、社会主義体制下において中心広場的な土地利用がおこなわれていた形跡が見られます。B付近には東西方向の直線的な広い道路が建設されています。その後、先述のように、この道路に沿ってソビエト連邦の無償援助によるアパート群が建設されることになります。

F付近のゲルは撤去され、跡地にはビル群が建設されました。河川沿いの低地（G付近）に

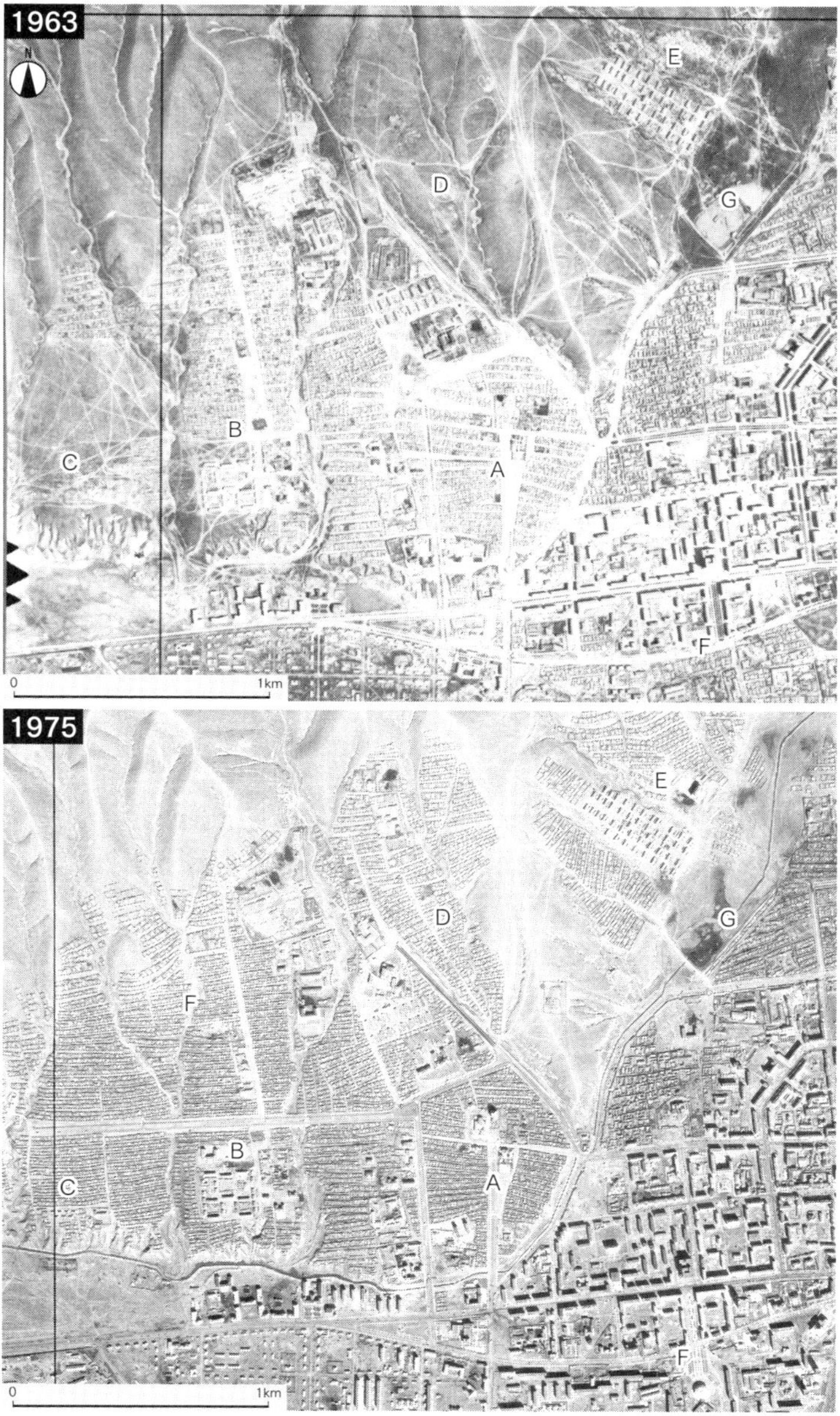

写真 11　1963、1975 年のガンダン寺を中心としたウランバートル市街の航空写真

は、排水路が整備されている様子がわかります。

一方、ゲル地区は、C付近やさらに西方にも広がり、また、斜面上（D、E）や、河川沿いの低地（Gの北）にも進出するようになりました。こうした地域へのゲル地区の拡大は、ウランバートルへの人口集中に伴い次第に顕著になり、地盤災害や水害などの危険性が増大することになりました。

民主化・市場経済化以降における市街地の拡大

1990年代の民主化・市場経済化以降、都市への人口集中が加速しました。これに伴い、再び高層ビルの建設とゲル地区の拡大を招くことになります。ゲル地区はウランバートルの周辺地域へ膨張し続けています。

写真12は2003年時点のウランバートル市街地の航空写真です（範囲は写真11と同じ）。宗教の自由が認められたことにより大規模に再整備されたガンダン寺を、A付近に見ることができます。ここでは観光地化も進み、門前町の商業活動も再興しました。一方、B付近の道路は東西に延伸され、ウランバートルの主要道路として拡張・整備され、両側にビル群が建設されています。ここは、第3・4地区と呼ばれる商業地区で、ビルの中にはロシアや中国、韓国などで買い付けた商品を個人で売る小店舗がひしめきあい、平日でも多くの買い物客でにぎわう活気にあふれた地区です。

写真12　2003年のガンダン寺を中心としたウランバートル市街の航空写真

１９７５年時点ではゲル地区だったC付近に、高層の集合住宅が数多く建設されました。ゲル地区はさらに北方へ大幅に拡張し、H付近に典型的に見られるような急斜面上にも進出し、一面を覆いつくしています。G付近は河川沿いの低地であり、70年代までは住宅はありませんでした（写真11）。こうした水害の危険地域にまで、ゲルが密集するようになっています。

こうした市街地の変化の背景に、１９９０年代以降の社会情勢の大きな変化がありました。１９９０年代前半は経済破綻の状態にあったため、しばらくは都市から地方への人口移動がありました。しかし、その後に都市経済が活性化し、一方で地方には失業者があふれ、さらにゾド（寒雪害）によって家畜を失う者が出てくると、今度は遊牧地域から都市への移動が進みました。

遊牧民が都市へと移住する要因には、経済的問題のみならず、子どもの教育などの社会的要因もありました。

ウランバートルにおけるゲル地区の位置づけ

以上のような変遷をたどったウランバートルにおいて、ゲル地区は重要な位置づけにありました。そもそもウランバートルの起源は、活仏のゲル寺院を中心とした僧侶たちのゲル集落でした。つまりゲル地区の景観こそがウランバートルの原点であり、社会主義国モンゴルの首都になってからも、多くの人はゲルに住んできました。やがて中心部にアパートが計画的に建てられましたが、その数は限られ、むしろアパートに住むことは例外でした。すなわちゲル地区は決して仮の住まいではなく、一般庶民の生活地区でした。

遊牧を基本とするモンゴルにおいては常に移動性が重んじられてきました。遊牧民が都市に流入して適応しようとしたとき、彼らはまずはじめにゲルを建てました。こうした受け皿になってきたのがゲル地区であり、いわば都市生活に移る際の足がかりとして大きな役割を果たしました。ゲルさえあれば初期投資が要りません。またハシャー（板塀）の中で家畜も飼養でき、遊牧生活の一部を維持することも可能です。ハシャーとは本来「家畜囲い」の意味であり、その名が都市でも使われていることに、遊牧的生活様式との連続性が含意されています。家畜を手放さずにいれば、また遊牧生活に戻ることもできるでしょう。ゲル地区は、「遊牧地域と首都を仲介する結節点」としての機能を持っているのです。

さらに機能的な意味合いだけでなく、遊牧の生活習慣とともにその精神を次世代に継承する上でも、ゲル地区の存在は重要な役割を担っているように思います。ウランバートル生まれのゲル地区住民であっても、自然と共生する術をいまも持ち合わせ、明日はまた遊牧生活に戻れるような雰囲気を持っています。

しかし一方で、近代化するウランバートルにおいてゲル地区がそぐわなくなっていることも事実であり、今後のあり方について問題が投げかけられています（詳細は第5章で述べます）。

2　ウランバートル市ナライハ区の炭鉱開発と少数民族カザフ

カザフが住むナライハ

ウランバートルには民族や宗教の多様性もあります。ウランバートル市ナライハ区には、第2章でも紹介したカザフが多く住み、イスラームを信仰しています。彼らはなぜここにいて、どのような暮らしをしているのでしょう。また、社会主義時代には抑圧されたイスラームの信仰を、どのように今に伝えているのでしょうか。

ナライハは、ウランバートル中心部から南東へ36㎞、観光地として有名なテレルジへ行く途中にあります（図2、写真13）。かつては「ナライハ市」でしたが、１９９2年にウランバートル市に編入されて行政区のひとつとなっています。石炭をはじめとする豊富な地下資源を有し、ウランバートルへのミネラルウォーターの供給地にもなっています。

ナライハには、人口の25％にあたる約６０００人のカザフが住んでいます。その理由は、社会主義時代にバヤンウルギー県やホブド県から、炭鉱労働のために政府が呼び寄せたからでした。現在も炭鉱で働くカザフは多く、労働者約１０００人のうち7割を占めています[7]。ナライ

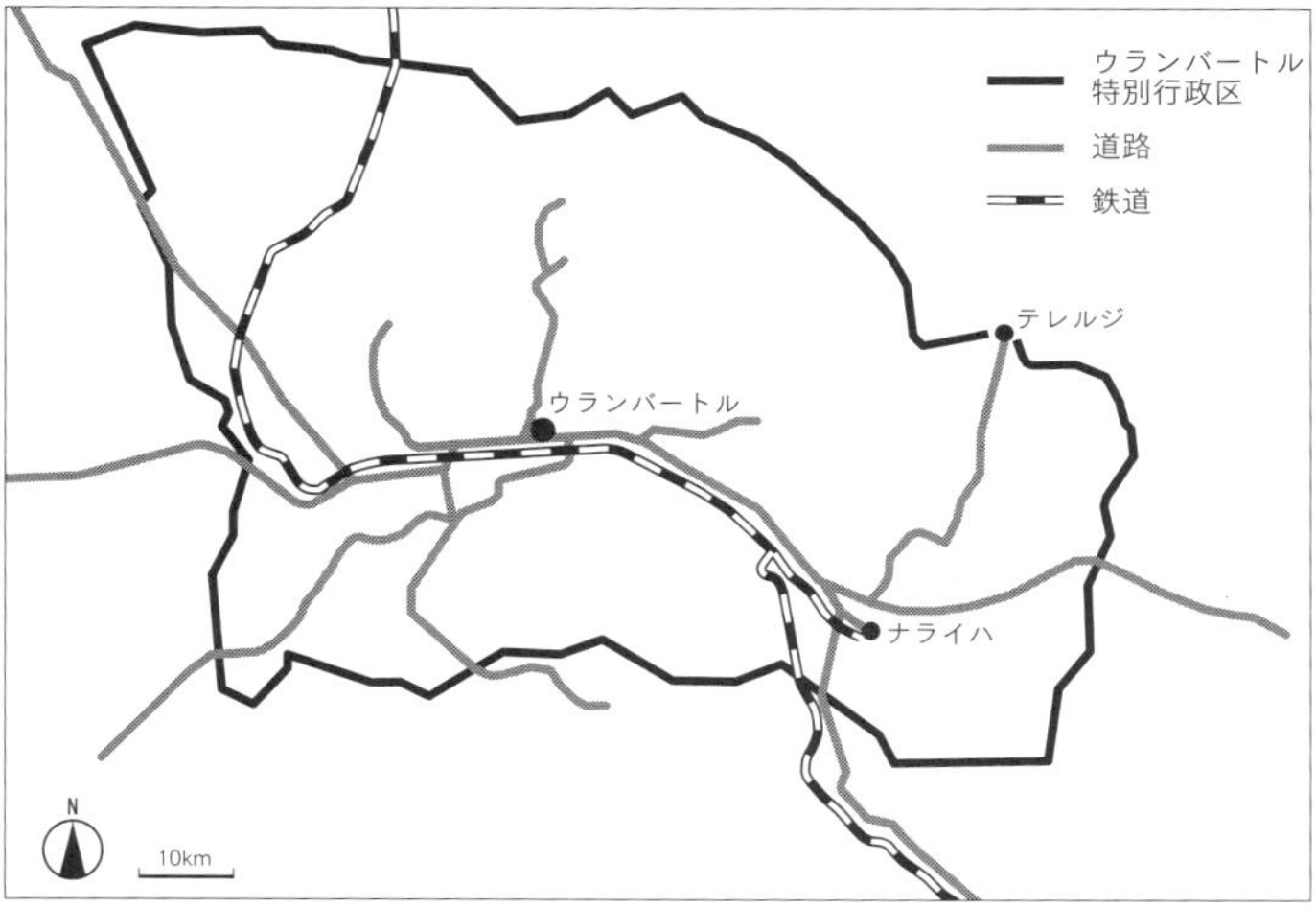

図2　ウランバートル市

写真13　ウランバートル市ナライハ区の中心部

写真14　社会主義時代のナライハ国営炭鉱（『ウランバートル写真集』1974年）

ハのカザフはバヤンウルギーとは異なり、マジョリティであるハルハと一緒に生活しています。そのためモンゴル語を話し、カザフ語を話せない若い世代も増えています。

ナライハの炭鉱町としての歴史は、清朝崩壊直前の1910年頃から中国人が石炭を掘り始めたことに遡るといいます。独立後の1922年には、モンゴル政府が支配するようになり、1957年には正式に国営鉱山となりました（写真14）。

1930年代半ばに数人のカザフが炭鉱夫としてナライハへ来ました。ハルハはそもそも土を掘ることを嫌うともいわれ、まして危険で過酷な労働を強いられる炭鉱労働を嫌いました。そのため、カザフがモンゴル西部から呼び寄せられたというわけです。当時カザフの多くは貧困生活に苦しんでいたため、炭鉱で辛抱強く働きました。そしてナライハでの生活が安定すると、家族や親族を呼び寄せ、次第にカザフの集住地区ができあがっていきました。

私がインタビューしたT氏（1973年生まれ、男性）によれば、彼の父親は炭鉱で働くため、まだ14歳だった1955年にナライハへ移住してきました。「父はもともとホブド県で遊牧をしていたが、家畜をすべて失ってしまった。その後は他の牧民の手伝いをしたが、非常に貧しかったため、炭鉱労働者になった。炭鉱では16歳以上でないと働くことができなかったので、年齢を詐称して働いた。ナライハへ移住した第一陣は全員、石炭会社のアパートに住んでいたが、３、４年後にゲルが支給され、そこへ両親や兄弟などを呼び寄せた。ナライハへ来て生活は楽になった」と語っています。

また、Ｂさん（１９１２年生まれ、女性）も、「バヤンウルギーでは職がなく生活が困難だった。まだ幼い息子と娘を連れて、炭鉱労働者として１９５２年にナライハへやって来た。朝から晩まで１日８時間の地下での労働を、息子が一人前になるまで20年間続けた」と話しています。現在、Ｂさんの子どもや親せきは、国立大学教授や宗教指導者となり、アメリカやカザフスタンに在住する人もいて、悠々自適の生活を送っているそうです。

１９９１年の革命70周年記念に、最優秀労働賞を受賞した経験を持つＯ氏は、「バヤンウルギー県で１９４９年に生まれた。14歳のときに遊牧民だった父親をなくし、19歳のとき、ナライハで炭鉱夫になった。当時の政策により、鉱山で働く者は無料で専門学校に入学することができた。若かったので、知識を広めたいし、外国語も勉強したいと思っていた。当時はロシアの専門学校に行かせてもらうことが多く、私は３カ月間、ロシアの機械専門学校に通わせてもらった。だからロシア語を話せる。政府に援助してもらって外国で勉強することができた。ナライハへ移住した当初は、モンゴル語がわからなくて苦労した。家ではカザフ語、外ではモンゴル語と使い分けて話した。ナライハでの生活が安定すると、母親と２人の弟をナライハに呼び寄せた」と語りました（写真15）。

このように、ナライハ在住のカザフのほとんどが、社会主義時代の移住政策によるバヤンウルギー県（あるいはホブド県）出身者か、その子孫たちです。

社会主義時代と現在の生活を比較して、ナライハ第4ホロー（地区）のX氏（1947年生まれ、男性）は次のように述べています。「社会主義時代の生活は良かった。政府はナライハを特別な場所として認定し、鉱山労働者の給料は高かった。食堂には割引制度もあった。民主主

写真 15　カザフの民族衣装を着たO氏夫妻

写真 16　社会主義時代国営だった炭鉱会社。現在は操業を停止し、かつての繁栄は見る影もない

写真 17　小規模に石炭の採掘をするカザフ

義の時代になっていろいろ自由になったが、生活は社会主義時代に比べて良くならない。賢い人は自分で商売をして豊かになったが、そうでない人の生活は苦しい。仕事自体が少なく、給料も低い。仕事さえあれば、カザフは何だってするのに……」。

1990年以降の市場経済化に伴い、国営炭鉱の操業は停止されました（写真16）。そのためカザフの多くが失業してしまいました。いくつかの民間企業が今も小規模に存続し、そこで多くのカザフが働いていますが、社会主義時代のような手厚い社会保障はありません（写真17）。炭鉱労働以外では、煉瓦工場や建築資材となる砂を採取する程度の仕事しかないそうです。無職の人も多く、生活は一般に厳しくなっています。

ナライハのカザフもバヤンウルギー県と同様に、カザフスタンへ移住したり、往来することによってこうした危機的状況を乗り越えるケースが少なくありません。

写真18　ナウルズのオープニングセレモニーが開かれる炭鉱会館

ナウルズ祭を訪ねて

社会主義時代は、カザフの伝統行事は禁止されていました。そのため春分の日を祝う「ナウルズ」（カザフの新年）は単なる文化祭の日で、スポーツ大会やコンサートなどがおこなわれていました。しかし民主化後、バヤンウルギー県のカザフ社会と同様に、ナウルズなどの伝統行事がナライハでも急速に復活しています。

2007年にナウルズ祭を訪れてみると、祭はナライハ炭鉱会館（写真18）におけるオープニング・セレモニーから始まりました（写真19）。カザフがとくに多く集住する第4ホロー（地区）に行き、バグ（ホローの下位区分）長に会うと、「アイトゥス」と「カザフ相撲」（写真20）と競馬を見るよう勧められました。アイトゥスは、2組の人間が即興の歌をつくることを競う

写真19　ナウルズのオープニングセレモニーにかけつけたナライハのカザフの人びと

写真20　カザフ相撲の様子。ルールはモンゴル相撲とは異なるという

歌合戦です（写真21）。歌の内容のほか、声の良さや衣装の美しさ、表現力なども審査対象になります。2007年の優勝者は遊牧民の男性（60歳代）でした。

競馬はナライハ近郊の草原でおこなわれました。参加したのは、4歳から12歳の子ども16人。そのうち、カザフは2人だけで、他はすべてハルハでした。ナライハのカザフのほとんどは石炭工場で働いているため、ウマを所有していないという事情からでした。1～4位までをハルハが独占し、5位にカザフの子どもが入賞しました（写真22）。

写真21　新年の行事の歌合戦アイトゥス

写真22　カザフの競馬で優勝したウマ

競馬終了後、今度は大人たちが騎乗して「ヤギの毛皮を奪い合うゲーム」や「男にからかわれた女が鞭を持って追いかけるゲーム」がはじまりました。これらはカザフの遊牧民の間で古くからおこなわれているもので、高度な乗馬の技術を必要とします。

「ナウルズ祭には、新年を祝うのみならず、カザフの伝統を若い世代に伝えるという意味がある」とカザフの人びとは語ります。アイトゥスやカザフ伝統楽器であるドンブル演奏があり、年長者を敬うカザフの精神も垣間見られます。ナウルズ祭の始まりを告げるセレモニーでも、まずは高齢者たちへの贈り物や叙勲から始まることは印象的でした。また、ナウルズ祭はカザフだけに閉じられたものではありません。ハルハも参加しやすい相撲や競馬への出場を認めていて、彼らにカザフ文化を知ってもらうきっかけをつくっています。

占い師であるM氏に、ナウルズの食事会にも招待されました。M氏は1940年にバヤンウルギー県で生まれ、1969年に炭鉱で働く兄を頼ってナライハへ移住してきました。父親は宗教指導者であり、社会主義時代には禁止されていたにも関わらず、M氏は父親からイスラームやアラビア語をひそかに学びました（写真23）。カザフの伝統舞踊や民族音楽も習ったそうです。そうして今、M氏自身が「ナライハのカザフ文化を復興したのは私だ」と語るほど、若い世代への文化伝承の重要人物となっています（写真24）。

彼は民主化後の1993年にナライハのモスク建設にも携わりました。また、ナライハの子どもたちを集めて、2005年にはカザフ音楽の楽器演奏を、2006年からはアラビア語を教え始めました。その功績をたたえられてモンゴル大統領から勲章を授かっています。

ナウルズの食事会は、Ｍ氏がアッラーに祈りを捧げるところから始まりました。部屋の中央には、ドストラカンと呼ばれる敷物がジュータンの上に広げられて、その敷物いっぱいにキャンディ、チョコレート、ビスケットや果物、乳製品がのせられていました。これらのものは、豊かさの象徴です。Ｍ氏によると、カザフはもともとテーブルではなく床に敷いた敷物の上で食事をしていたそうです。しかし社会主義時代に、「床で食べることをやめようということになり、カザフ的な意匠を凝らしたテーブルが創出された」と語っていました。

写真23　１日５回の礼拝を欠かさずおこなうＭ氏

写真24　カザフの伝統楽器ドンブルをＭ氏と一緒に演奏する子どもたち

写真25　ナウルズ祭の家族の食事会で披露される子どもたちのドンブル演奏

写真26　ナウルズに欠かせない料理カズ（ウマの腸詰肉）

料理が出されるまでの間、カザフの民族衣装を着た子どもたちが歌を披露したり、カザフの楽器ドンブルを演奏したりして、正月気分を盛り上げました（写真25）。「カズ」や「クジェ」などの料理が運ばれてきて、M氏はアッラーに再び祈りを捧げました。カズとは、塩で味付けをした馬肉の腸詰めです（写真26）。クジェは3種類の穀類の入ったスープで、人間には2本の手と2本の足があるという理由で、4杯飲まなければならないそうです（写真27）。さらに、ヒツジの肉が1頭分丸ごと出されます。年長者がまず頭の方から食べはじめていき、若い人は足の方を食べます。

祭に出される肉のことを、彼らはベシュバルマック（5本の指の意）と呼んでいます。5本の指で食べることにちなんでいます。手をよく洗ってから、手づかみで肉を食べます。春分の日に一番よい食品を食べるのが習わしだそうです。元日は家族でこのように新年を祝います（写真28）。

以上のようにナウルズ祭の復活は、カザフの伝統文化の復興に大きく寄与しています。社会

写真27　ナウルズで必ず食べる料理クジェ

写真28　ナライハカザフ最高齢Bさん宅のナウルズ

主義時代には禁止されても、ひそかに（あるいは心の中で）受け継がれてきた伝統文化が、着実にいま若い世代へと継承されているといえるでしょう。

カザフ語や伝統文化およびイスラームの復興

ウランバートルやナライハのカザフをバヤンウルギー県の人たちと比較して、Aさん（ウランバートル在住、女性、50歳）は、「ウランバートルのカザフの若い人たちはバイリンガルだが、カザフ語よりもモンゴル語のほうが得意。若者はハルハと一緒に育ち、学校もモンゴル語なので、カザフというよりモンゴル人らしい。カザフスタンやバヤンウルギーのカザフとは違う」と言います。

ナライハにはかつてカザフ語の学校がありましたが、1955年に閉鎖されました。その後の学校教育はすべてモンゴル語となり、ナライハの子どもたちはカザフ語を忘れ始めました。民主化後の1990年にカザフの学校が再建されましたが、5年後、教師不在のため再び閉鎖になってしまいました。そうした状況の中で、ナライハでは学校内にカザフ語コースを設置して、カザフ語教育のほか、伝統楽器ドンブルやカザフの古文字教育をおこなうことが2010年には検討されていました。また、ホロー（地区）役場の中にもカザフ文化やカザフ語を教える60人程度の教室がつくられ、年長者が教師役を務めていました。この役場内には、カザフの歴史・文化、クラン（氏族）などを紹介する掲示もありました。

ナライハにおいてカザフの伝統文化を復活させる背景には、カザフ文化を披露して観光資源化しようという思惑もありました。また、子どもにカザフ語を学ばせることが、カザフスタンへの移住に役立つという実利的な考えもあるようです。その他、バヤンウルギー県の宗教団体から楽器やカザフの本が贈られたり、カザフスタンからも歴史や文学の本が寄贈されたりしています。こうした国内・海外からの支援は、ナライハにおけるカザフ文化の復興と継承に大きな役割を果たしています。

ところで、社会主義時代には伝統文化のみならず、すべての宗教が弾圧を受けていました。国内の仏教寺院やモスクは破壊され、多くの僧侶やイスラーム指導者たちが粛清されました。断食や割礼などの習慣もすべて禁止されていました。ナライハはウランバートルに近いこともあり、バヤンウルギーよりも厳しく宗教が禁じられ、著しい断絶が起きました。その後、1990年以降になってやっと信仰の自由が認められました。イスラームも仏教も、ようやく復興を遂げることになります。

イスラーム信仰の復興にはサウジアラビア、パキスタン、トルコなどのイスラーム諸国の援助が大きな影響を及ぼしています。ナライハでは、1993年にサウジアラビアの援助によってモスクが建設され（写真29）、パキスタンやトルコ、カザフスタンなどからもコーランや宗教に関する本が数多く贈られました。

バヤウルギーからナライハに移住した、いわば第1世代の宗教指導者は社会主義時代には宗教活動を停止しましたが、民主化・自由化後、積極的にイスラーム復活のイニシアティブをと

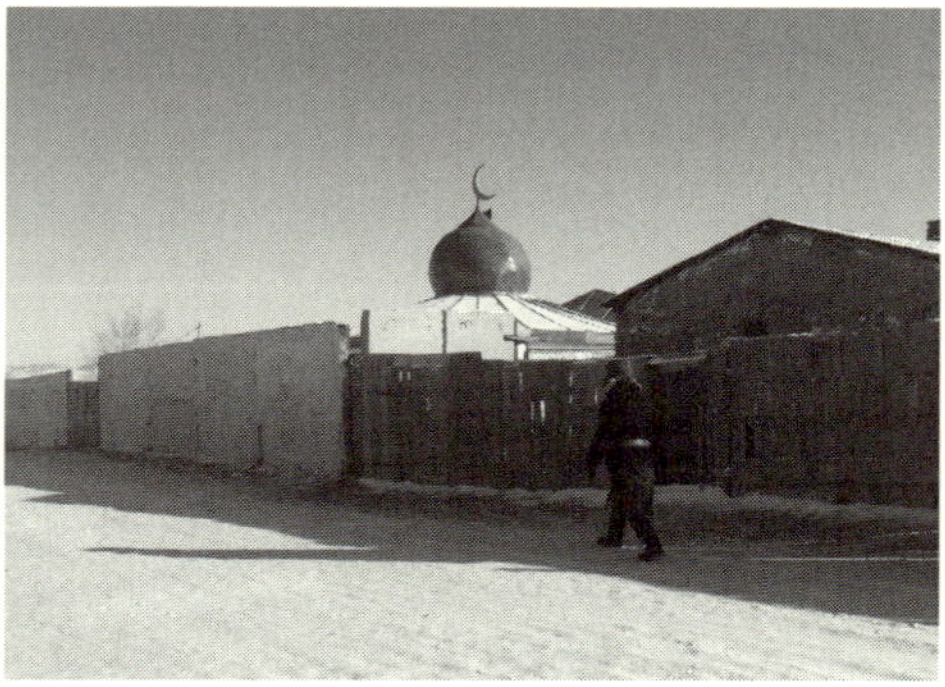

写真29　ナライハのモスク

りました。またナライハでは第2世代の宗教指導者を育成するための選抜試験があり、1993年にはこれに合格した若者十数名がパキスタンや、サウジアラビア、トルコ、インドなどへ留学したそうです。

パキスタンに留学してイスラームを学んだ若い宗教指導者（イマーム）のうちの一人S氏（1976年生まれ）は、宗教の復活について次のように述べます。「私がパキスタンの留学を終えて帰ってきたときには、礼拝しない人ばかりだった。社会主義時代の約70年間、私の両親は隠れて礼拝をしたりコーランを読んだりしていた。ナライハのカザフの多くは宗教をよく知らない。仏教もイスラームも社会主義時代に禁止されたために、酒におぼれたり娯楽にはまったりして身を滅ぼす人が増えた。仏教だろうとイスラームだろうと自分たちの宗教をしっかり守っていれば、そんなことにならなかったのにと残念に思う。私はカザフの文化やイスラームを復興させるために活動した。2008年には、モスク建設15周年を祝うこともできた。ジュマ（金曜礼拝）に来るのは、通常は男15人、女5人程度だが、ラマダーンの断食明けの3日間はモスクに入りきれないほど集まるようになった。神様を信じる許可がもらえてうれしい。信仰の自由を得られたことを感謝している」

イスラーム信仰復興のうち、とくに巡礼に関しては、サウジアラビアが大きく関与しています。メッカ巡礼のための資金がサウジアラビアから毎年援助され、ナライハから１名ないし２名が選抜されています。Ｋ氏（１９４３年生まれ）（写真30）は、自由化直後から１日５回の礼拝を時間通りに欠かさずおこなってきたという熱心なイスラーム教徒で、２００８年に選抜されてメッカとメディナを巡礼しました。旅費はすべてサウジアラビアから支給されましたが、ナライハのカザフたちも寄付しました。自ら巡礼できない者は、巡礼する人の支援をおこなうことが奨励されているからだそうです。Ｋ氏は、飛行機や列車、バスを乗り継ぎ、モンゴルからメッカへの巡礼を３カ月かけて終えました。ナライハに戻った後は「ハーッジュ（巡礼を済ませた人の尊称）」と呼ばれ、尊敬されています。

写真30　2008年にメッカへ巡礼したＫ氏

ナライハのカザフは、カザフスタンやモンゴル最西部から千キロ以上も遠く離れたモンゴル中央部にいる人びとで、その背景にはさまざまな歴史がありました。社会主義時代に70年以上にわたる抑圧にあっても伝統をひそかに伝え続けた第１世代の人びとの苦労は想像を超えます。炭鉱労働に従事し、マジョリティのハルハと交流を持ちながら、モンゴル化してきましたが、90年代以降になって途絶えていたかに見えたカザフ語や文化を復活させ、イスラーム信仰も取り戻しつつあります。そうした背景に国の政策や国際関係が絡み合っています。ここに、モンゴルのエスニック・アイデンティティーの多様性の一端を見ることができます。

注

（1）National Statistical Office of Mongolia, 1997 による。

（2）2012年のウランバートル人口及びモンゴル国人口は Mongolian Statistical Yearbook , 2012 による。

（3）中華民国との関係は複雑で、正式独立が国際的に認められたのは1945年であるとする見方もある。独立に関しては第2章1節を参照してください。

（4）Neupert, Ricard & Sidney Goldstein, "Urbanization and Population Redistribution in Mongolia." East-West Center による。

（5）前掲書

（6）モンゴル地理学研究所と名古屋大学の共同研究。

（7）"Нийгэм Эдийн Засгийн Танилцуулга 2006 оны Хагас Жил"（「ナライハ区における2006年度半期の経済統計」による）

＊本章の内容は、『地理』（古今書院）2011年12月号および2012年9月号に掲載された拙稿に基づいています。

第4章

土地私有化の進展と遊牧民気質

石井祥子

1　土地私有化とガンダン寺ゲル地区の生活

市場経済化の総仕上げとしての土地私有化

社会主義から民主主義・市場経済化への移行の最終段階として、2003年から土地の私有化が始まりました。遊牧社会では「土地は誰のものでもない」ことが常識でした。そのためモンゴルにおける土地私有化は、人びとの価値観に大きな変化を迫るものでした。

土地私有化の第一歩は全国のゲル地区から始められました。紆余曲折の中で進行する土地私有化の現状と課題を考えてみたいと思います。

当初、多くのモンゴル人は、土地を私有するとはどういうことなのか理解できませんでした。しかし2003年に土地私有化法が施行されると、ウランバートルの土地を求めて地方からの移住者が増え、ゲル地区は急速に拡大しました。中心部のゲル地区では土地の不法占拠が起こるなど、さまざまな問題が生じました。

まず、土地私有化に至る経緯を確認してみましょう。1990年の民主主義・市場経済への移行に伴い、それまで国有や共有であった財産が全国民に分配されました。社会主義時代は共有財産だった家畜も１９９４年ごろまでにほとんど私有化されました。その流れの中で、土地をも私有化する動きが起きるようになりました。その背景には、国際経済や外国企業から、「土地の私有化により経済を活性化させよ」という要請もありました。

しかし、国民（とくに遊牧民）は強く反発し、立法化はなかなか進みませんでした。遊牧民が反対した理由は、牧草地が私有化されると自由な移動が妨げられ、遊牧ができなくなると考えたからでした。その後、数回にわたって土地法が改正され、ついに２００３年に「土地私有化法」（正式には「土地の私有化に関する法律」）が制定されました。その際、私有化の対象は居住地と農耕地に限定され、牧地は含まれませんでした。

首都では０・07ha、県庁所在地では０・35ha、その他の地域は０・５haを上限とする土地が、モンゴル国民に１回限り、無料で配分されることが規定されました。法律の施行は、２００３年５月にまず全国のゲル地区の住民を対象に開始され、その翌年にアパート住民に対して実施されました。政府は、ゲル地区住民に土地を配分することで、彼らの生活水準を上昇させようとしたのです。

土地私有化の進捗状況

土地私有化は、人びとのさまざまな思惑もあり、計画通りに進みませんでした。土地管理局が発表した２００４年時点の私有率は、ウランバートルで42％、地方では６・５％、全国平均

写真1　郊外に建設中の一戸建て住宅

17・5%でした（ウランバートル市土地管理局発行「土地私有化1周年報告2004年5月1日付」の小冊子より）。

地方においては、遊牧民を含む住民たちは、「土地を私有しても使い道がなければ何にもならない」と、土地の私有化にまったくと言っていいほど価値を見出しませんでした。都市においては、ゲル地区の住民に続いて、アパート住民に対しても土地私有化が実施されました。アパート住民は、今後価値の上がる可能性のある好条件の土地を物色しながら、私有化の推移を見守る人も多くいました。

郊外には西洋風の一軒家が続々と建設されました（写真1）。これは、土地に建物という付加価値をつけて売り、儲けようという思惑によるものですが、土地を私有しても利用しなければ税金の負担が増えるだけで無意味だと考える人も少なくありませんでした。

土地私有化は当初は2年間で完了する計画でしたが、進捗がはかばかしくないため、2005年5月に、3年間延長されました。それでも2008年5月1日の時点で、土地所有者（世帯）数は全国平均で27%余りに過ぎませんでした（加藤久和氏による名古屋大学モンゴル土地法制研究会の資料による）。その後、2008年5月22日に私有化法は再度改正されました。それまでは世帯単位で認めてきた私有を、個人単位とすることが決められました。規定の内容は以下の通りです。
①すべてのモンゴル国民個人に対して土地を１回限り無償で配分する。
②２００８年５月１日時点ですでに私有化されている土地は、その世帯の中の特定個人の所有に属するものとし、他の世帯構成員に対しては、次に掲げる一定面積の土地を追加配分する。首都ウランバートル市：０・07 ha／人、県（アイマグ）庁所在地０・35 ha／人、郡（ソム）庁所在地およびその他定住区：０・５ ha／人。
③土地私有化（所有地の登記）の期限をさらに５年延長して、２０１３年５月とする。

ウランバートル中心部ガンダン寺ゲル地区における土地私有化

モンゴルにおける仏教の総本山ガンダン寺（写真２）周辺のゲル地区においても、土地私有化が進行しています。私は２００３年から２００８年にかけて住民インタビューをおこない、土地私有化法の施行による生活への影響や、住民の対応を聞き取りました。

ガンダン寺ゲル地区は、都市中心部に位置しています。歴史が古く、ガンダン寺が19世紀に建てられた後、僧侶が住むためのゲル地区として成立しました。その後、社会主義時代から現在に至るまで、再開発はおこなわれていませんでした（写真３、４）。

中心地に位置するため、ガンダン寺ゲル地区は土地の価格が高騰しています。商業地区に近いうえに、社会主義時代にも宗教弾圧による寺院破壊を免れたガンダン寺は、１９９０年代以後、仏教復興の中心となりました。寺の復興とそれに伴う参拝客の増加も、ゲル地区を活性化しました。そのような土地柄を反映して、ここでは土地私有化が多くの住民に受け入れられています。

2002年のJICAの調査によると、ウランバートル人口の45%はゲル地区に住んでいます。その多くは地方からの移住者で、低所得者が多いのですが（表1）、ガンダン寺ゲル地区は他のゲル地区に比べればやや所得が高めです。しかし実際には、市場経済化から取り残されて貧困生活にあえぐ世帯から、かなり裕福な世帯まで格差が大きい状況にあります。

写真2　チベット仏教寺院ガンダン寺

写真3　ガンダン寺ゲル地区の通り

写真4　ガンダン寺ゲル地区のハシャー内部

表1　ウランバートル市内の3箇所のゲル地区
（ダンバダルジャー、ハイラースト、ガンダン）の世帯収入とその割合

世帯の種類	所得	ダンバダルジャー	ハイラースト	ガンダン	TOTAL
中流以上の世帯	10万Tg以上	5%	7%	11%	8%
市平均的世帯	7万-10万Tg	8%	14%	18%	13%
ゲル地域平均世帯	3万-7万Tg	51%	43%	48%	47%
困窮世帯	3万Tg以下	35%	36%	23%	32%

JICA "The Survey report of the Study of the living environment of the Ger Area in Ulaanbaatar, Mongolia." 日本語版、2002年、19頁
＊Tg（トゥグルグ）はモンゴルの通貨．2002年当時1米ドル≒1,000トゥグルグであった．

ガンダン寺ゲル地区の住民の声

ゲル地区における調査は、生活状況などのプライバシーに触れるため、アンケート調査ではなかなか本当のことがわかりません。そのため知り合いに立ち会ってもらい、対面調査をおこなうことにしました。調査地はガンダン寺周辺の一角で地区長を務めるUさん（女性、1935年生）の地元で、合計41世帯から聞き取り調査をしました。

調査の結果、ウランバートルの中流から貧困層までの生活実態が明らかになりました。また、土地私有化の開始により、市場経済化の波に再び否応なく巻き込まれる住民の様子も垣間見られました。

ゲル地区の成功者

L氏は、ガンダン寺の西門通りで最も立派な建物を所

写真５　ガンダン寺ゲル地区在住Ｌ氏夫妻の新築２階建て住宅

有しています（写真５）。Ｌ氏は、市場経済化の流れの中で遊牧生活を捨て首都ウランバートルに出て再出発し、どのように生活を向上させてきたかを語ってくれました。その語りから、市場経済化と土地私有化がモンゴルの地方出身者に及ぼした影響をたどってみます。

　Ｌ氏はオブス県で１９４７年に生まれました。ウランバートルの農業大学を卒業後、フブスグル県のネグデル（ソ連のコルホーズに倣ってつくられた共同組合）で働き、16年間ネグデル長を務めました。ネグデル解体後、農業や養鶏、食堂や小さなホテルを経営して資金を貯め、２００２年にウランバートルに転入しました。２００３年6月末に、ゲル地区内の現在の敷地（20×26ｍ）の土地私有申請をおこないました。住所や土地の広さなどを書き込み、市役所が発行する世帯の証明書を添えて提出したそうです。書類作成は比較的容易だったといいます。

　Ｌ氏は、２００３年当初から土地私有化に賛成していました。その理由は、「土地を私有することは世界各国でおこなわれている。土地私有化法は今始まったばかりなので、政府のトップも私たちもよくわからずにいるが、土地を私有できることはうれしい。法律施行後すぐに申請書を提出した。土地はただそこにあるだけのものだが、これからは土地をうまく利用する時代になる。日本やアメリカにとっては当たり前かもしれないが、私たちにとっては新鮮だ」というものでした。Ｌ氏は、地方出身者でありながら高学歴で、ネグデル長であったという経歴もあり、政治の動きをいち早く把握し、市場経済化や土地私有化という未体験の動きにもうまく順応したようです。

Ｌ氏の語りはさらに続きます。その中に、市場経済化や土地私有化への対応が浮き彫りにされています。

「社会主義時代には個人所有はなく、すべて国のものだった。皆が仕事をもち、給料をもらい、無職の人はほとんどいなかった。住居を持ち、貧乏人もなく、マンホールに住む人など一人もいなかった。自分もネグデル長の時は衣食住に不足なく、国営アパートに住んでいた。ただし貯金はなかった。ネグデル解体後は仕事がなくなり、どうやって生きたらいいかわからなくなった。ネグデル長だったが、何の保障もなかった。長をしていたのだから、何かほしいものがあったら職場からなんでも持って行きなさいとも言われたが、社会主義教育を受けた者として、公のものを私物化するのは不正だと感じた。官舎からも出なくてはならなくなり、知人に頼んでゲルを建ててもらった」

「新しい時代になったのだから、地方でゼロからやり直してみようと、牧畜、農業、商売を問わずなんでもやった。人生経験があったので、何をすればいいかの知識はあった。新しい社会に順応して生き延びるために頑張った。２００２年に地方からウランバートルへ引っ越し、２５０万トゥグルグ（約２５００米ドル）で建物付の土地を買った。建物は古かったので建て直した。この家は自分たちの汗の結晶だ。金持ちではないが、15年間の努力の結果、お金に困ることはなくなった。一生懸命働いたおかげだ。社会主義時代は、国のために働いて給料をもらうだけだったが、民主化後は、自分のために頑張って働く。考えてみると、それは自分の生活をよくするだけでなく、社会にもよい影響を与えることになっているのではないかな。自分の建物を人に賃貸することによって、その人に働く場所を提供することになるのだから。市場経済化後は、頭を使ってよく働く人は成功している」

「しかし、こんなにも貧富の差が激しくなってしまったのは、政府が民営化を正しくおこなっていないからだろうと思う。ウランバートルはこれからも発展していくだろう。長い時間がかかるかもしれないが、地方へも人口が移動して発展したらよい。未来に期待している。将来、ウランバートルは大気汚染の問題も解決してもっと素敵な町になるだろう。そうすれば、日本人のように長生きできるようになる。モンゴルと日本の関係がいっそう深くなり、交流が盛んになることを願っている」

多様なゲル地区住民

ゲル地区で調査対象とした41世帯の生計を比較すると、非常に貧しい世帯から、ビジネスに成功した裕福な世帯まで多様で、ウランバートル市民の縮図を見る思いがしました。職業（収入源）別にみると、無職が8例、年金生活者が11例ありました。給与所得者が5例、パート的な仕事従事者が3例、僧侶が3例、占い師が1例、韓国への出稼ぎ者が1例、個人経営のビジネスを展開している世帯が8例でした。

一般的な給与収入は、1カ月で10万～15万トゥグルグ（約100～150米ドル）で、年金は月に2～3万トゥグルグに過ぎません（2003年当時）。生活支出としては食費の割合が高く、月4～5万トゥグルグにのぼるといいます。年金生活は厳しく、調査対象の約半数は貧困世帯でした。

多くの住民が市場経済化後に貧富の差が大きく広がったと指摘します。彼らが語る生活の様子は以下のようなものでした。

年金生活を送るD氏（男性、1940年生）は、「ウブルハンガイ県出身で、ウランバートルへは1960年代に移住し、配管工事の仕事をしている。現在は年金で生活をしている。20歳の長女は無職で、乳飲み子を抱えるシングル・マザー。長男、次男、次女の教育費がかかり、年金を全部教育費に使い、食べるものがない時もある。年金が入った4日間だけ肉を食べることができるが、次の年金まで10日間もお茶だけで過ごすことがある。冬は暖房の燃料がなかなか買えずに寒い思いをしている。市や赤十字が生活の一部を援助してくれることもあるが、毎日何も考えない。生活にただ耐えているだけだ」と生活のありのままを淡々と答えてくれました。

裁判官の夫を持つFさん（女性、1956年生）は、「ウランバートル出身でモスクワに留学し、社会主義時代は銀行員だった。イギリスで仕事をした経験もある。長女はモンゴル国立大学で法律を勉強している。長女を父親と同じ職業につかせたい。次女は1年間、交換留学生として香川県に住んだことがある。平均的なモンゴル世帯から見ると生活レベルは高いが、収入は多くはなく、毎日物価が上がり、生活が苦しくなってきた。しかし、地方に遊牧民の親戚がいるので畜産物は市場で買わず親戚から得ている。その分、食費は助かっている。親戚のいる地方にもよく行き、とくに夏は1週間から3週間滞在する。地方は空気もよく、健康のために、乳製品・馬乳酒・ホルホッグ（ヒツジの石蒸し料理）をたくさん食べる。何より、遊牧の生活を見せるのは都会育ちの子どもたちの教育のためにもよい。ウランバートルの将来はよくなる。街の建設も進み、現在の状態でも十分よくなったと感じている」と語っています。

無職のE氏（男性、1966年生）は、「バス修理会社をリストラされ、現在は無職。長女は優秀だが、金がなく大学に行かせることができない。長女は建築現場で働き、月8万トゥグルグの収入を得ているが、朝8時から夜の12時までのつらい仕事で、まったく休みがなく健康を害している。小学1年生の息子は、去年は学校に行ったが、今は辞めてしまった。生活費がどうしても足りない。仕事をしていたときは月に15～16万トゥグルグ稼いでいたが、それでも家族が多いので足りない。この地区で最も貧しい。役所に相談に行っても援助が得られないのを知っているから行かない。自分の苦労を他人に知られるのは嫌なので、知人に相談することもしない。ウランバートルではみんな貧しくて生活が大変。でも、これからは人びとの生活はよくなっていくだろう。民主主義に移行した直後は生活がとても苦しかったが、今は少しずつよくなっている」と、苦しい生活の中でも前向きに答えました。

一方、Ｃさん（女性、１９３９年生）は、「ヘンティ県で遊牧を営んでいたが、２０００年、２００１年のゾドで家畜を失ったため、ウランバートルに出てきた。10歳と7歳の子どもを持つ長女と同居している。長女は夫と離婚をし、女手一つで子どもを育てているが、健康を害している。家畜が手に入ったら、再びヘンティ県で遊牧をしたい。ヘンティ県で死にたい」と苦しい状況を語ってくれました。

ここで紹介したゲル地区住民の話からは、生活費が高い都会において、ぎりぎりの生活の中でも何とか工夫しながら、将来に期待しつつ前向きに日々を送る様子が伝わってきました。

ゲル地区住民にとっての市場経済化、土地私有化

地方とは異なり、ウランバートルの市民の多くは土地私有化を歓迎しているようです。その理由としてあげられるのは、「誰にも追い出されない自分の土地を持てる」こと、またその結果、「土地を担保にして銀行から融資を受けることができるようになり、ビジネスの開始や拡大が可能になる」ことなどです。

ガンダン寺ゲル地区でも、同様の意見がありました。「将来は自分の財産ができると期待している」（女性、年齢不明）、「２００３年の6月に私有化を申請し、２００４年4月に許可された。私有化されたらどこにも追い出されたりしない。自分のものになったので安心だ」（女性、１９４８年生）、「２００４年の1月か2月に申請し、6月ころに許可が出た。そのとき、とて

もうれしかった。自分の財産ができ、土地を使ってさまざまな活動ができる。この土地を他の人に貸して金を稼ぐこともできる」（男性、1961年生）、「自分の土地だから騙されて引っ越しを迫られることがなくなった安心感がある。この土地は300万トゥグルグくらいで売れるという話だ」（男性、1944年生）などの期待が述べられていました。

しかし、土地私有化が実施された当初はとくに、貧困層を中心にさまざまな不安が語られました。たとえば年金生活者のD氏は、当初、「みんながどうするかを見てからしようと思う。私有化するのはよくないのではないかな。税金を払わされることになると大変。ここを追い出されたらどこに行ったらいいか」と不安を語り、私有化の手続きをためらっていました。しかし2年後には、「家族全員の所有として登録した。以前は、土地が自分のものになると固定資産税を払わなくてはならなくなるので生活が苦しくなるのではと心配したが、そんなこともなかったので今は安心している」と述べています。ガンダン寺ゲル地区では土地の値段が高騰しているので、D氏は土地私有化そのものを肯定的に評価するようになっていました。

このように、ウランバートルの中心部の土地を私有化できた住民は利益を受け、土地私有化は確かに経済を活性化させる要因となりました。しかし一方で、これに適応できなかった人がいることも事実で、都市住民の中に貧富の差が拡大する要因にもなっています。格差の拡大に関する政府への批判も強いようでした。たとえばビリヤード店をゲル地区で経営しているN氏（男性、1967年生）は次のように述べました。「今、モンゴルの金融機関には信用がない。外国で15年働いて貯めたお金を銀行に預金すると、その銀行が倒産したりする。政治家は自分たちの生活をよくするだけで、国民全体のことを考えていない。国民の金を勝手に使って贅沢をしている。それでも真っ当な給料さえもらえればモンゴルで頑張りたい。外国でつらい思いをして働きたくはない」。現在、モンゴルでは、市場経済化の影響として国外への出稼ぎや留学が多くなり、家計を支える大きな要素の一つとなっています。N氏の最後の言葉は、それを反映しています。

2　土地私有化にまつわる問題と遊牧民気質

土地私有化にまつわる問題

これまでにウランバートルのゲル地区住民の多様な生活と、土地私有化に対する反応を紹介してきました。ここではさらに、私有化の過程で生じた問題を2例紹介して、そこにあらわれたモンゴル人の遊牧民気質について考えてみます。

前述の通り、ガンダン寺ゲル地区での聞き取り調査に常に同行してくれたのは、地区長をしているUさんでした。彼女は1959年にアルハンガイ県からウランバートルに転入して以来、長年ガンダン寺ゲル地区に居住しています。

Uさんが語る土地所有化の過程で生じた問題の一つは、彼女自身が関係する敷地内に住む複数の世帯による二重登記であり、もう一つは、私有化が禁止されている土地の問題でした。

①二重登記問題

Uさんの敷地内には、彼女の木造家屋とゲルのほか、知人（Gさん、女性、30歳代）のゲルも建てられています。２００３年に土地の私有化を申請し、２００４年の４月には決定通知が送られてきました。

しかし、Ｇさんも同じ敷地の私有化の申請をしてしまいました。Ｇさんは３人家族で、５年前に中央県から来て、「ガンダン寺周辺に土地を買いたいから、短期間住まわせて欲しい」と突然Ｕさんに頼んできたそうです。土地が空いていれば断らないのがモンゴル人の伝統であるため、Ｕさんは「短期間なら」と許可しました。しかしＧさんはなかなか出て行かず、私有化が始まると、間借りしている土地を無断で申請してしまったのです。法律的にはＵさんの土地ですが、Ｇさんは知り合いに有力者が多かったこともあり、許可が下りたといいます（その後、最終的には4年間の裁判を経て土地はＵさんのものであると決着がつきました）。

②私有化が禁止されている土地の問題

ガンダン寺にごく近い場所は寺の所領地です。しかしそこにもゲルが建っていて、数年のうちに立ち退かなくてはならないことになっています。それでも住人は私有化申請をおこなっています。また、ガンダン寺ゲル地区の東方には地形が急傾斜になっている場所があり、危険なために私有許可が下りないことになっていますが、そこにもゲルが建ち始めています（写真6）。さらに、ゲル地区内の通路を兼ねた空地にも10家族以上が住み始め、緊急車両の通行の妨げになっています。悪質なのはこうした土地の権利が３００万〜４００万トゥグルグ（約３０００〜４０００米ドル）で売られていることです。買う人は不許可の土地であることを知っていても、建物を建ててしまえばいずれ許可が下りるだろうと高をくくっているのです。

ビリヤード店を経営するN氏は、ロシア、チェコ、ドイツ、韓国などへの出稼ぎ経験もあり、市場経済化後の社会の変化に敏感に対応してきました。彼は、知り合いの紹介で、急傾斜地の「使用権」を20万トゥグルグ（約200米ドル）で購入しました。ガンダン寺ゲル地区の利便性を評価して「使用権」を購入しました。N氏自身も私有化の許可が下りないことを知りながら、いずれ私有化を申請していない。2007年にインタビューしたところ、「今は私有化を申請していない。選挙に立候補している人が、いずれ私有化できるようにすると言っている。2008年に選挙があるので、その後に私有化申請をしてみたい」と言っていました。経済的に有利な場所をとりあえず確保して、私有できるチャンスを待つという、状況に応じて判断しようとするしたたかな姿勢をうかがい知ることができます。

写真６　ゲル地区の東縁部にある傾斜地

土地私有化における諸問題の背景――都市における「遊牧的生活戦略」

土地の不法占拠や土地私有化過程における「土地の二重登録」の問題は、モンゴルに限るものではありません。しかし、その背景やプロセス、あるいは意識などにモンゴル独自の特徴があり、私はこれを「移動」や「場所の共有」という遊牧民の慣習から来るものではないかと考えています。

ゲル地区では、敷地内に複数のゲルや木造家屋を建て、数家族が同居しているケースも少なくありません。これはまるで、遊牧民が2～3家族のグループを組んで生活する伝統的なホト・アイルに似ています（写真7）。こうした「同一敷地の土地を共有する事例」は都市生活においてもかなり一般的で、遊牧民の相互扶助の伝統が維持されています。

写真7　ホト・アイル

土地の二重登録の背景には、こうした相互扶助の精神が旺盛であることが関係しているとの指摘もあります。社会福祉学を専門とするウルジートンガラグ氏は、「モンゴルでは助け合いの精神が伝統的に強く、半分の世帯が他の世帯に対して何らかの援助をおこなっている。国からの年金や補助金と、個人支援はほぼ同額である」といいます（「ウランバートル市における貧困家庭」、長沢孝司・今岡良子他編『モンゴルのストリートチルドレン――市場経済化の嵐を生きる家族と子どもたち』朱鷺書房）。そうした精神的風土のところに、排他的に土地の私有を規定しようとしたのが2003年に始まった土地私有化であり、モンゴル人の気質や慣習とはそもそも合わないため、問題が生じていると思われます。

地方からの遊牧民はまずゲル地区に来てゲルを建てますが、決して一箇所に定着せず、有利な場所を見つけるとすぐに「移動」します。夏はゲル地区のゲルに住み、冬になると暖かいアパートに引っ越すという季節移動を都市内で実践する人もいます。状況に応じて、職業、住居、同居者を変える「柔軟性」を持ち、他人の敷地にもゲルを建ててしまうという「場の共有性」を持っています。また、そうしたことをお互いに許容する雰囲気があります。

しかし意外なことにゲル地区内では隣人関係は希薄で、コミュニティの団結は強くありません。その反面、個人的な友人関係は強固で、人と人の絆が重視されます。こうした点は日本社会における人間関係と大きく異なっています。

遊牧民にとっての土地

遊牧民にとっての「土地」とはどのようなものかについて、改めて考えてみたいと思います。モンゴル研究者、鯉渕信一氏は、モンゴル人の土地に対する観念について次のように述べます。「移動が根底の生活だから、日本人が執着する『土地』も、モンゴル人にとっては財産として認識される対象にはならない。自分の土地が欲しいなどとは、牧畜民はもとより、都市に定住する人びともまったく考えないのである」。「自分の遊牧する範囲、二、三十キロメートル四方、時には五十キロメートル四方が『自分の土地』ではあるが、ことさらそれに執着しないし、境界を定めることもない。そこには他人の家畜も自由に出入りするし、自分の家畜も『他人の土地』に入って行く。いわんや柵をめぐらすなんてことは考えもおよばない」。

また、社会主義革命における「土地解放」に関して、モンゴルと中国人とを比較して鯉渕氏は次のように述べています。「中国はじめ多くの社会主義革命が『土地解放』に苦しんだことはよく知られているが、モンゴルでは革命後の社会主義化の過程で土地問題は何の混乱も引き起こさず、土地は『解放』されるべき対象にもならなかったと言っていい。憲法で、『土地は国有、すなわち全人民のもの』と書くだけで事足り、何の疑問もおこらなかったのである。社会主義に移行した後、規定は細かくなったが牧畜民の土地に対する考え方は同じである。相変わらず土地は借り物、一時の停泊地に過ぎない。土地の貸主がご領主様から共産党に変わっただけ、これだってしょせん、『天』からの借り物だと考えている」（『騎馬民族の心――モンゴルの草原から』日本放送出版会）。

このように遊牧民にとっての土地は共有であり、そこに生える草こそが、「資本」である家畜に「利子」を生み出す貴重なものでした。モンゴル人にとっては「土地私有化」に直面するまで、土地そのものの私有化や商品化についてまったく関心がなかったのです。

「市場経済原理」と「遊牧的生活戦略」

以上に述べてきたように、ゲル地区は土地私有化の最前線であるとともに、都市的要素と遊牧的要素を併せ持った地域でもあります。そこでは、市場経済にうまく適応して土地私有化を有利に活用しようという人びとがいる一方、遊牧的生活戦略をとり続けるがゆえに現状の土地私有化政策には適応できない人もいるという状況があります。また、「移動」「柔軟」を当然のこととする住民は、私有化に適さない土地であっても、とりあえずそこを占有してしまったり、「場の共有」という発想が二重登記の問題を引き起こしたりしています。

市場経済化以前の社会主義は、遊牧的生活戦略に対してさまざまな圧力を加えました。その一例は、伝統的な共同生活グループである「ホト・アイル」を、ネグデル幹部が決めた作業グループ「ソーリ」に改編したことであり、自由な移動や共同体の再編を許さないなど「柔軟性」や「場の共有」を抑えつけました。それでもなんとか遊牧民の中に遊牧的生活戦略は引き継がれ、社会主義の終焉とともに復活しました。市場経済化により家畜が私有化され、遊牧民は再びホト・アイルを組んで柔軟さを取り戻し、再び自由な遊牧を始めました。このように市場経済化は遊牧的生活戦略の復活を後押ししたという一面もあります。

土地私有化は、元来「土地は誰のものでもない」という考えを持つモンゴル人にとって大きなカルチャーショックであったことは間違いありません。さまざまな議論を経て、遊牧のための草地の私有化は免れました。一方、定住区においては、住民はさまざまな抵抗をしながらも、私有化は進んでいます。そして土地私有化への適応と不適応による格差が、とりわけさまざまな住民が住むガンダン寺ゲル地区において顕在化しています。

市場経済化から四半世紀経って改めて振り返ると、市場経済化はモンゴルが自ら望んだことでしたが、土地私有化は必ずしもそうではありませんでした。モンゴル経済が世界システムに急速に取り込まれる過程で、経済のグローバル化を推進する先進諸国や多国籍企業の論理が、モンゴルに「土地私有化」を迫りました。国際銀行や外国企業などの思惑により半ば押しつけられた政策でもありました。

土地私有化と遊牧的生活は相反する概念であるため、モンゴルは少なくともこれまでのところ、国際社会の思惑通り素直に受け入れているわけではなく、柔軟で移動性に富む遊牧的精神を旺盛に発揮して独自の進展を遂げています。土地私有化の進展と遊牧的生活戦略の今後については、注意深く見守る必要があります。

＊本章の内容は、『地理』（古今書院）２０１２年10月号・11月号に掲載された拙稿に基づいています。

第5章

ウランバートルの急速な都市化とゲル地区再開発計画

石井祥子

1　急速に変貌するウランバートル

都市インフラ大改造――日本の貢献

モンゴルにおける2010年以降のGDP成長率には目を見張るものがあり（表1）、それに後押しされてウランバートル周辺の大改造が始まっています。都心の高層ビル化はもとより、新国際空港や高速道路網の建設、都心ゲル地区再開発計画が急速に進んでいます。その一方で、首都への一極集中は地方都市の衰退を招き、バランスの取れた開発計画を望む声もあります。

2013年は政治情勢の影響もあり、さまざまな首都改造計画が急速化するタイミングでした。

ウランバートルでは急激な人口増加が問題となっています。地方から首都への移住に制限はなく、就職や教育の機会を求め、あるいは雪害で家畜を失った遊牧民が生活の活路を求めて、急速な人口流入が起きています。ウランバートルには130万人以上が集中し、第2の都市ダルハンの人口は10万

表1　モンゴルのGDP成長率

年	2009	2010	2011	2012
GDP成長率	-1.3	6.4	17.5	12.3

Mongolian statistical yearbook, 2012, National Statistical Office of Mongolia: 129頁

人に過ぎません。社会主義時代には各県のソム（郡）単位まで社会整備が行き届き、誰もが良質な教育を受けて平均的な経済生活を送ることが保障されていましたが、今はもうそれがありません。雇用機会が少なく、地方都市に人口を留めおくための力がなくなっています。

写真1　渋滞が続くウランバートル市のメインストリート

ウランバートルは旧ソビエト連邦の援助によりもともと50万人規模の都市として設計されました。そのため今日では、街に人や車があふれ、交通渋滞は年々激しさを増し、ウランバートル名物になりつつあります（写真1）。とくにひどくなったのは2010年ころからで、曜日によって通行できる車のナンバーを制限する政策もとられています。また交通ルールの徹底なども次第に図られるようになりつつあります。

都市問題を解決しようとさまざまな対策が施され、日本もこれに貢献しています。その一つが、無償援助によって2012年に建設された全長895m、幅19・5mの「太陽橋」です（写真2）。太陽橋の名は、「日の丸」にちなんで名づけられ、「日本の最先端技術を用いたモンゴル初の鋼鉄製橋梁で、日本側は100年間の品質を保証してくれた。立派な橋をつくってく

写真２　日本の援助によってつくられた「太陽橋」

れた」とモンゴル人は口々に称賛しています。ウランバートルは、東西方向に延びる鉄道や河川が街を分断しているため、南北方向の交通渋滞がとくにひどい状況でしたから、太陽橋はこれを緩和することができると期待されています。

この橋を建設する10年ほど前、日本は、ウランバートルの南を東西に貫く「太陽道路」と呼ばれる道路もつくっています。モンゴルの道路は、冬に気温が氷点下40度まで下がるためひび割れることが多く、春にはそこかしこで改修が必要となります。しかし太陽道路についてはまだ一度も補修の必要がなく、市民生活を快適にしているといいます。

次に日本が貢献しようとしているのは新国際空港建設です。現在、海外からのモンゴルの玄関口は、ウランバートルから南西10kmにある「チンギス・ハーン国際空港」ですが、地形的制約から離着陸が一方向に限られ、気象状態によっては運用できない時もあります。また比較的小規模で建物の老朽化も目立っています。こうした問題を解決するため、ウランバートルから南西約50kmの草原に、日本の有償援助によって新空港建設が始まり２０１６年に開港予定です。

地下鉄の建設も予定されています。市内の公共交通機関は現在はバスしかなく、多くの市民が利用するため混雑が激しく、スリも多いためにタクシーや自家用車が好まれる傾向にあります。地下鉄ができれば自動車の利用が抑えられ、渋滞緩和も期待されます。市の地下には永久凍土がありますが、「その問題を解決して快適な地下街もつくる。札幌のような町づくりを目指そう」という話も聞かれました。

高速道路と新拠点の建設

建設中の新空港と市街地を結ぶ高速道路が、モンゴルの予算で建設されています（写真3）。緩やかな起伏の草原地帯に一直線に続く高速道路の光景は圧巻です。高速道路は新空港より南方へもさらに延び、ウランバートルから50㎞圏内を取り囲みつつあります。

建設中の高速道路に沿って車を走らせると、草原のまっただなかに新たな拠点が建設されようとしていました。そこは「イフ・マイダル」と呼ばれ、巨大なマイダル（弥勒菩薩）像を中心に据えたユニークな近代的施設の建設が構想されています。

弥勒菩薩は遠い未来に仏陀になることを約束された「未来仏」です。２０１３年夏にはウランバートルのガンダン寺で仏像の足が展示され、仏像建設のための基金が募られていました。

写真３　新空港へ続く建設中の高速道路

写真4 「イフ・マイダル」パンフレット

パンフレットによると、仏塔の周囲にスポーツセンターや商業施設、ホテルや動物園、駐車場などが計画され（写真4）、モンゴル国民の交流と統合が意図されているとのことでした。

モンゴルでは現在多くの国民がチベット仏教を信仰していますが、そのチベット仏教も20世紀の社会主義時代には弾圧されていました。1990年に民主化し、1992年に新憲法が成立すると解放され、急激に復活しました。チベット仏教のみでなく、モンゴル古来の自然信仰や、ボー（シャーマン）信仰、カザフが信仰するイスラームなど、すべての信仰が自由になりました。キリスト教の布教も活発化し、信者が増加しています。「イフ・マイダル」は、このようなモンゴルの多様な宗教の間の相互理解を促し、一つのモンゴルとしての統合を象徴する新たな拠点を目指していました。

建設中の新国際空港を間に挟む形で、この新拠点とウランバートルが高速道路で結ばれます。東部の都市ナライハもやがては環状で結ばれ、拡大ウランバートル圏が形成される日も遠くないかもしれません。

2013年夏の時点で、イフ・マイダルはまだ草原の中でした（写真5）。ウランバートルから約1時間かけてトゥブ（中央）県の県都であるゾーン・モドへ行き、さらに南東へ車で約30分行ったところに建設現場がありました。草原に巨大な弥勒菩薩像の土台が建設され、その横に、中国で製造され、運ばれてきたばかりの弥勒菩薩像の部品が無造作に置かれていました（写真6）。

この建設予定地のすぐそばにも遊牧民は住み、家畜は周辺の草を食べています。この新拠点

写真5　草原の中に建設中のイフ・マイダル（2013年）

写真6　これから組み立てられる弥勒菩薩像

ができあがれば、のどかな草原の景観は一変することでしょう。

ウランバートルの都市計画

ウランバートル市は、将来の都市計画を盛んに議論しています。市の担当者（ナランゲレル氏）によれば、JICAが提案する計画をベースにマスタープランを作成したとのことでした。最初に都市計画が作成されたのは1954年でした。その後1961年、1974年、1986年と、社会主義時代に合計4回、ロシア人によって都市計画が策定されました。1990年の民主化後は、1998年から2000年の間にモンゴル人が中心となって第5回目の都市計画をつくったそうです。この都市計画では、2020年のウランバートル人口を115万と推定していましたが、2010年には早くもこの人口に到達してしまいました。

人口急増により、土壌・大気汚染、交通問題、インフラ整備、水資源問題、アパート・マンション不足、ゴミ処理問題、など問題が山積しています。こうした問題の解消を目的として、2013年に第6回目の都市計画がつくられました。これは、前回策定された2020年までの都市計画を改良・補足する形で、2030年までのウランバートルの都市開発計画として作成されました。首都人口を今後少しずつ減らしていくこと、ウランバートルの領域を大きく8つに分け、それをさらに47の地区に分けて人口の偏在をなくすことなどが計画されています。

ナランゲレル氏は、「もともと、モンゴルの首都は移動していた。首都が誕生した1639

年から現在の位置に定着する1778年までの間、27回も移動をおこなった。モンゴル人は移動の文化を伝統的に持っている。都市化は未経験のため問題がたくさんある」と述べます。

大半の市民が遠くない過去において遊牧民であるため、現在も休日になると親戚の遊牧民を訪問したり、郊外の草原で過ごしたりします。そのようなモンゴル人にとって、急速な都市化とそれに伴う社会問題は、初めて経験することです。モンゴルの都市化や今後の国土計画を考える際、モンゴル人気質は重要な要素であり、他国民にはなかなか容易に理解できない部分が大きいでしょう。広々とした自然の中で、自由に生活することを好むモンゴル人は、これからの首都建設に、緑豊かなエコ都市を目指すことを強調しています。

写真7　ウランバートル副市長（右から2人目）との会談

ウランバートルへの人口集中を防ぐには、地方都市の開発と雇用の充実も必要になってきます。このことを強調していたのは同市の副市長です（写真7）。副市長もまた、「もともとモンゴルは遊牧民だった。都市化は最近のことであり、都市文化を新たに築くことが重要になってくる」と言います。

深刻な大気汚染とその対策

ウランバートルでは大気汚染の問題も深刻です。大草原と広い空を連想する日本人にとって、モンゴルと大気汚染とは無縁に思えますが、冬のウランバートルの大気汚染は北京よりもひどいといわれています。なぜウランバートルの空気がそれほどまでに汚染されているのでしょうか?

現在、市内では3つの石炭火力発電所が稼働しています（写真8）。年々増加する電力需要を満たすために、新規の火力発電所の建設も予定されています。発電所も大気汚染の原因の一つです。近年増加した自動車の排煙も大気汚染の原因になっています。しかし最も大きな原因は、ゲル地区からの生炊きの石炭の排煙です。

写真８　ウランバートル第３火力発電所

現在、暖房に関するインフラ整備のないゲル地区に住む人は70万人にのぼるといわれています（２０１３年ＪＩＣＡでの聞き取りによる）。アパートやマンションにはセントラル・ヒーティングの温水暖房が完備され、気温が氷点下40度まで下がっても建物内では暖かく過ごすことができます。もちろん上下水道も完備されています。しかしゲル地区には温水パイプが施されていないため、住民は石炭をストーブで生炊きして暖を取るしか方法がありません。このゲル地区における石炭の黒煙が、ウランバートルの大気汚染の40%を占めるともいわれています。

モンゴルでは石炭採掘が好調なため安価で手に入れることができます。ウランバートルでは、道端で薪や石炭を売る姿をよく目にします（写真9）。2013年冬の価格を調べてみると、薪は15kgで1500トゥグルグ（2013年時点のレートで約100円）前後であり、石炭は、採掘場所によって値段が異なりますが、1袋40kgで2000～3000トゥグルグ前後で売られていました。ある家庭での聞き取りによると、1袋40kg入りの石炭を1カ月に12袋使用する

写真9　道端で売られている石炭

写真10　通常遊牧生活で使ってきたストーブで、石炭をたく

ということでした。

彼らが通常使うストーブは、もともと遊牧生活の中で利用してきた煮炊きにも使える便利なものですが、石炭用ではありません（写真10）。これで石炭を燃やすと室内に異臭が立ち込め、煙突からは黒煙とともに有害物質が噴き出します。もともと草原にころがる家畜のフン（乾燥した牛フンがよく燃える）を使用し、補助的に薪も使うという程度のものでした。しかし都市にはフンは落ちていないため、薪や石炭を燃やすしかありません。「家畜のフンを燃やすことが、環境にとっては一番いいんだよ」とあるゲル地区住民は語っていました。

ＰＭ２・５やＰＭ10などの微小粒子状物質が、ウランバートル市民の健康を脅かし始めています。モンゴル政府は現在、排煙の少ない燃料を石炭の代わりに使用することを奨励し、排煙や異臭が出ない石炭ストーブの購入も支援しています。しかし、燃料やストーブの改良だけでは抜本的な解決が難しいことは明らかです。そのため、ゲル地区の再開発計画が検討されています。以前から話はあったのですが、２０１２年の市長選挙において、新市長のバトゥール氏がゲル地区の再開発と市役所のゲル地区への移転を公約に掲げたことから、一気に加速しました。

2　ゲル地区再開発計画の進展

ゲル地区再開発計画の意義

ゲルは、長年の生活の智恵の結晶であり、夏は涼しく、冬は暖かい。そして、いつでもどこにでも移動ができ、自然のただなかでの生活を肌で実感できます。ゲルでの生活は、数千年続いてきた遊牧の「移動性」、厳しい自然の変化や変化する社会関係にすばやく対応する「柔軟さ（レジリエンス）」など、モンゴル人独特の生き方・考え方の基盤となってきました。ゲル地区は、地方の住民が都市に転入して住むのに便利なところであり、都市で遊牧民的生活をある程度続けることのできる仕組みとして機能してきました。そのためゲル地区再開発は、単に生活や都市景観だけではない、特別な意味を持っています。

少なくとも10年前までは、そうしたゲル地区のメリットが生きていました。しかし、近年は生活環境の劣悪さが目に余る地区も増え、大気汚染の問題も放置できない状況に来ているため、ウランバートル市はゲル地区再開発計画を打ち出しています。その計画は、ゲル地区の数戸分の土地をまとめて買収し、そこにマンションや幼稚園等の公共施設をつくり、緑地帯を設けて緑化もおこなおうというものです。土地を提供したゲル地区住民はマンション（集合住宅）に入居するか、あるいは土地を売却して他へ移住することもできます。こうした計画の策定にはJICAも大きく関わっています。

この計画が市民にどのように受け容れられているのか？　行政もこの点に強い関心を持っていますが、なかなか把握しきれていません。

再開発計画に対する住民の反応

ゲル地区再開発計画を住民がどのように感じているかを調査するため、私は2013年12月に厳冬のモンゴルを訪問しました(1)。大気汚染は冬季に深刻となるため、この時期にその実態を見ることが目的のひとつでした。そのときのウランバートルの気温は氷点下20度で、空港から一歩外へ出た瞬間に、冷気に加え大気汚染によって喉から肺にかけて痛みを覚えました。石炭の排煙などのため、市内は日中も霞んでいました。夜になると排煙はさらにひどく、運転手は「前を走る車のライトさえうまく見えない」とこぼしていました。2012年に開業したブルースカイ・タワー

写真11　スモッグがウランバートルを包み込む

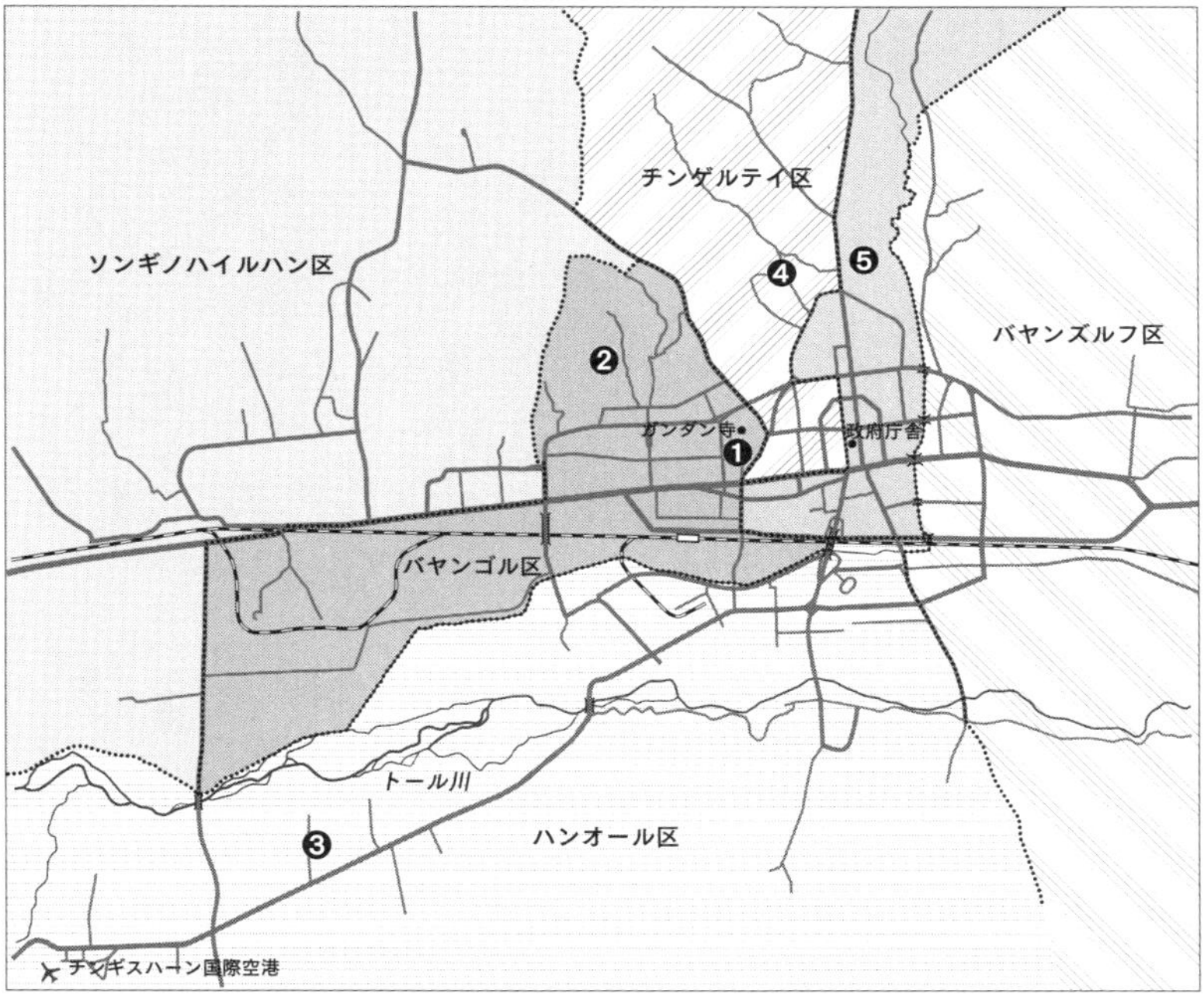

図1　調査対象とした5カ所のゲル地区（❶～❺）

の23階から市内の写真を撮ると、町全体が白い膜のようなスモッグにすっぽりと覆われていました（写真11）。

この調査においては、まずモンゴル国立大学のバトトルガ教授と共同して住民意識に関するアンケート調査を実施しました。5カ所のゲル地区（図1）を調査地に選び、合計100戸に対して家族構成や職業、年収、ゲル地区の住み心地や不満に思っていること、災害危険性の有無のほか、集合住宅化に対してどのように感じているかを問いました。そして次に戸別訪問をして、さらに詳しい事情を尋ねました（写真12）。

その結果、ゲル地区住民の多く

は集合住宅化に賛成であることがわかりました。賛成する理由の大半は、「暖房設備の整った集合住宅ができれば石炭を燃やさずに済み、大気汚染問題が解決できる」ということでした。モンゴル政府がおこなっている施策の実態もわかってきました。石炭排煙を少なくするための方策のひとつは、「トゥルシュ（TULSH）」（写真13）と呼ばれる排煙の少ない燃料使用の奨励で、もう一つは改良型ストーブの割引購入制度でした。トゥルシュは、同じ量の石炭の2倍以上の価格ですが、ウランバートル市は割引クーポンをゲル地区住民に配布し、半額以下の料金で購入できるようにしていました。また、排煙が出にくく少ない燃料で部屋を暖めることができる「ウルジー（ULZII）」ストーブ」（写真14）を、市価の10分の1程度で購入できるよう援助して

写真12　ゲル地区での訪問調査

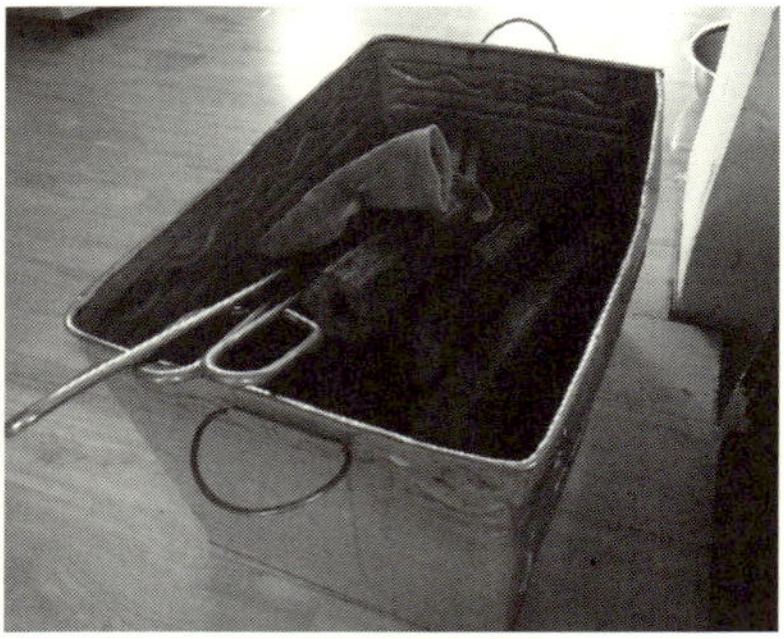
写真13　石炭よりも排煙の少ない「トゥルシュ」

写真14　排煙が少なく燃焼効率もよい改良ストーブ「ウルジー」

いました。調査で訪問した家庭のうち数軒はすでにトゥルシュを使用し、ウルジー・ストーブを購入していましたが、多くの家庭はまだ古い型のストーブを使用していました。今後、これらが普及すれば大気汚染が低減できる可能性があります。しかし、「トゥルシュを買いにいっても、すでに金持ちが買い占めて私のような貧乏人には回ってこない。ストーブがどんなに割安でも、そのお金を工面できない」などの声が少なからず聞かれたことも事実です。

ゲル地区によっては、さらに別の深刻な問題を抱えている場合もあります。ゲルを建てる空き地がなくなったため、災害の危険性が高い急斜面や河川沿いにもゲルが密集しています。雨が少ない年が続くと油断して洪水危険地へゲルがどんどん広がってしまいます。その後、多雨の年に洪水被害が生じました。こうした地区に再びゲルを建てることを市は禁じましたが、そこを訪れてみると一向に守られていないようです。洪水被害を受けた住民がその土地を売りに出して、地方から移住してきたばかりの人が危険性を知らずに買ってしまうこともあります。さらに転売されると、洪水の記憶すら忘れ去られてしまいます。そこにレンガ造りの食料品店を建ててしまった例もありました。

ゲル地区の再開発がうまくいけば、こうした危険な地域に無秩序に人が住むことを制限できるようになるかもしれません。そうした期待も込めておおかたの住民が再開発に賛成していることが、アンケートの結果に現れていました。ゲル地区の無秩序な拡大が生活環境の悪化につながっているため、再開発もやむなしという実感があるようです。

ゲル地区再開発は、ウランバートル市内の数カ所が先行的に選ばれスタートしました。その中に第4章で紹介したガンダン寺ゲル地区も含まれています。

写真15　集合住宅化のために買収され空き地になったゲル地区の一角

写真16　ゲル地区だった場所に建設中のマンション

表1　世帯ごとの1カ月の平均収入

2007年	2008年	2009年	2010年	2011年	2012年
263,681	363,594	402,525	448,027	573,541	819,996

単位：トゥグルグ　2013年12月当時、1円＝15トゥグルグ
MONGOLIAN STATISTICAL YEARBOOK 2010, National Statistical Office of Mongolia, 313頁および *MONGOLIAN STATISTICAL YEARBOOK 2012*, National Statistical Office of Mongolia, 302頁より作成.

２０１３年12月時点で、土地の買収がかなり進んでいる地区もありました。写真15の鉄柵で囲われた土地は買収が完了した土地です。進行は速く、翌年（２０１４年）に再び訪れると、そこにはすでにマンションが建ち始めていました（写真16）。

集合住宅化に対する反対意見

集合住宅化については賛成意見ばかりではありません。

ウランバートルがここ数年で大きく様変わりをしたことは先に述べました。私の友人は２００４年に地方からウランバートルに移住し、初めはゲル地区やアパートで間借りする生活でしたが、最近マンションを購入しました。目に見えて発展する街の様子と友人の生活ぶりから、少なくとも一部の人びとの経済状況はかなりよくなったと感じられます。表1は、世帯ごとの1カ月の平均収入の変遷です。２０１２年の平均収入は２００９年の収入の2倍に増加しています。

しかし、実際にゲル地区を訪問して話を聴くと、彼らの経済状態は決してよくなったわけではありませんでした。物価が上昇し、２５０トゥグルグで買えたパンが4倍に値上がりしたと、多くの人が口を揃えます。

写真17　郊外のゲル地区でヒツジやヤギ・ウシを160頭飼養する老夫婦の家

ゲル地区では年中無職の人や冬に失職する人も多数います。冬に職がないのは、厳冬期には建築や道路工事が中断するからです。もともとウランバートルには雇用自体が多くありません。ゲル地区住民のうち、とくに低所得者は、集合住宅に入居すると電気代が高くて生活が苦しくなると心配していました。一般家庭でガスは利用しないため、アパート、マンション、一戸建ての家はオール電化なのです。

　ゲル地区には、土地を賃借りして住んでいる人もいます。土地の所有者が集合住宅化のために土地を売ってしまえば、彼らは住む場所を奪われます。経済的に苦しい世帯は、集合住宅化を歓迎していません。

　一方、立地がよいために土地の評価価格が高く、収入も比較的多いゲル地区においても、多くの住民が集合住宅化のメリットを感じず反対しています。せっかく手に入れた自分の土地への愛着を感じるようになった人も少なくありません。資産価値がますます高まっている自分の土地の権利を守ろうと、再開発計画を知ったうえで堅固なレンガ造りの住居や店舗を建てた人もいます。

　郊外のゲル地区に住み、家畜を飼っている人も集合住宅化に反対しています。ウランバートル市ハンオール区ヤルマグ（図1の❸）に住む老夫婦は、近くの草原を利用してヒツジ100頭、ヤギ50頭、ウシ10頭を飼っています。敷地中にゲルを建て、家畜小屋も建てています。家畜は近くのボグドハン山のふもとの草原で放牧し、夕方になると再びゲル地区に帰ってきます（写真17）。郊外のゲル地区ではこのように、近くの草原を利用して、都市部に住みながら遊牧の生活を営む人もいます。家畜を飼っている人は、集合住宅に入居してしまえば現在の生活を維持できなくなってしまいます。

このようにさまざまな反対意見や問題を抱えながらも、ゲル地区の集合住宅化はすでに始まっています(2)。

モンゴルにおけるレジリエンスとは？

近年、レジリエンスの概念が都市計画や災害対策において注目されています。レジリエンスはもともと心理学や生態学等の分野で用いられた概念ですが、東日本大震災後に災害や環境問題を俯瞰的に見直そうという発想から重視されています。

レジリエンスとは柔軟な回復力を指します。近代の都市開発においては経済効率ばかりが重視され、安全性や持続性は軽視される傾向がありました。これを改め、長期的に安心安全と「豊かさ」が持続できる都市や国土のあり方を考えることが必要です。具体的には、①災害に強く、②環境に配慮し、③文化を尊重して、安心安全と精神的物質的充足を持続的に確保することが求められるでしょう。

　モンゴルの遊牧においてはレジリエンスが重視されてきました。遊牧民は天候や草の状態に注意を払い、草地を守るために、家畜が草を食べ尽くす前に移動します。すばやい移動は、ゾドなどの危機を回避するためにも効果的です。彼らは5種類の家畜を飼うことを理想としてきましたが、それによって、病気や災害によって一度にすべての家畜を失う危険を回避することができます。また、家畜によって好む草が異なるため、草原への過度な負荷を避けることができます。遊牧民においては「末子相続」（末息子が親のゲルと家畜を相続）が普通ですが、それは、長子から順に独立していくときに家畜を上手に分与して家畜の数を調整して草地を守ることにも効果的です。モンゴル遊牧民は、このようなさまざまなリスク回避、リスク分散の「伝統知」によって、サステイナブルな生活を維持してきました。

　草原でゲルに住むということは、遊牧民が移動性を担保する上で非常に重要です。2、3の家族が隣り合ってゲルを建てて共同生活するホト・アイルは、状況の変化に応じてその構成を臨機応変に変えることができます。また、親族や友人間の相互扶助のネットワークも強固です。このように遊牧民は、自然や社会状況の変化に柔軟に対応し、災害にも対処し、家族・親族・友人の間で協力して生活を営んできました。こうした遊牧社会が培ってきた「サステイナビリティとレジリエンスの知」を都市計画にどのように活かせるか？　その答を得るためには、モンゴル独自の方策を探る必要があるでしょう。

ゲル地区の再開発について

ゲル地区再開発の必要性は、都市計画の観点から客観的に評価するとともに、住民の声も聴いて判断することが重要でしょう。今後のあり方についてなかなか答えは出ないものの、現時点で私たち（鈴木・稲村・石井）は以下のように考えています。

伝統的な風景が変わることには抵抗がありますが、発展・拡大を続けるウランバートルに、現在と同じ広さのゲル地区を残すという選択はなさそうです。とくに都心部は、社会主義時代に50万都市として設計した空間に不足が生じていることは明らかです。多くの住民も、ウランバートルにおけるゲル地区再開発に総論として賛成しています。上下水道や暖房等のライフラインの整備と、大気汚染の解消が望まれています。また、洪水や土砂災害等の危険地帯にまで拡大してしまったゲル地区は早急に移転が必要でしょう。比較的若い世代は、都市にゲルは必要ないと思っている人が多いようです。このまま都心にゲル地区を残していては、発展はないと言う人もいます。

一方で、ゲルの快適性を唱え、存続を願う声もあります。「ゲルは天窓から日の光を浴びることができ、風通しもよくて健康によい」と多くの人が言います。空港にほど近いゲル地区で家畜を飼って暮らす78歳の女性は、「年金は少ないが、家畜を飼えば食料には困らない。夫は80歳。子どもは８人。子育てに追われた人生だったよ。ゲルで人生を終えたい」と語り、その明るい笑顔が忘れられません。若者の考えも年々変化し、数年前はゲル地区に住むことは好まれなかったようですが、都市での生活費が急騰するなかで、たとえば地方から出てきた学生がアパートを借りるよりも安いから、短期間使うだけだから、親戚のハシャーに住ませてもらいたいから、といってゲル地区を選ぶ例も増えているそうです。

今後、再開発計画を進めるうえで、ゲル地区に住む人びとが多様であることには配慮が必要でしょう。比較的低所得者が多いものの、さまざまな職業の人びとが住み、決してスラムではありません。何十年もそこに住む人も、最近地方から出てきた人もいます。さらに地区ごとでも違いがあります。こうしたさまざまな条件の中で、住民の立場も意見も多様になります。画一的なゲル地区再開発では、住民の希望にこたえられません。

歴史的伝統もあり特徴的なガンダン寺ゲル地区では、2014年時点ですでにひとつの答えが出されていました。住民は集合住宅化に反対し、ゲル地区をそのまま残してインフラ整備をおこなう選択をし、上下水道と温水暖房システムの敷設工事を始めています。その選択の是非はわかりませんが、これはゲル地区再開発計画に一石を投じることになりそうです。

草原と都市とゲル地区

本書のタイトルは「草原と都市」ですが、「ゲル地区」を、両者をつなぐ中間的な場所としてとらえることが重要であると私たちは考えています。

「ゲルひとつあればなんとか暮らせる」という考えは大きな力です。モンゴル社会にはそれを支える相互扶助の精神と仕組みもあります。しかしゲルを張る「空間」がなくなれば、強みを発揮できなくなります。将来的に都市と草原を完全に切り離し、ゲルは草原だけにあればよいという考えもあるかもしれませんが、休日だけ訪れるような「非日常」の中に位置づけてしまってはその真価は発揮されず、また、伝統知を次世代に伝えることも容易ではありません。

ゲルの真価を確かめつつ、伝統知を維持するため、ゲル地区再開発で生まれる集合住宅の共用空間などに、一定のルールの下でゲルを建てられる場を確保することが、ひとつの方法として考えられます。その場は、ゲルを建てる共同作業、地域住民間の交流、伝統の維持などに役立ち、コミュニティ活性化に寄与する可能性が大いにあります。また、建物の配置や公共用地の利活用は単に利便性だけでなく、地域づくりに大きく影響します。

さらに、都心からあまり遠くない場所に、自由に住めるゲル地区を計画的に再整備することも重要でしょう。地方から移住してきた人びとのワンストップとして機能するとともに、都市と草原の結節点となることでしょう。また、その場所が、都市生活者の災害時の避難場所やレクリエーションおよび観光資源としても活用されればさらに有効でしょう。

遊牧の伝統知から学んだ「移動性」や「柔軟性」は、モンゴル人の本質的な強みであり、今後も維持されることが望まれます。モンゴル人は「自由」と「快適さ」を好みます。自由とは「縛られないこと」、快適さとは「広々としていること」だと言います。この二つを満喫できる都市計画が実現できれば、ひとつの先進的モデルとして世界に発信できることでしょう。

注

（1）文部科学省のGRENEプロジェクト「環境情報技術を用いたレジリエントな国土のデザイン」（代表：林良嗣名古屋大学教授）の一環としておこなわれました。

（2）ゲル地区再開発計画の進展については、石井祥子「ウランバートルにおけるゲル地区再開発計画とレジリエンス」（林良嗣／鈴木康弘編『レジリエンスと地域創生』明石書店）を参照してください。

＊本章の内容は、『地理』（古今書院）2014年7月号・8月号に掲載された拙稿に基づいています。

第6章

モンゴルの自然災害とレジリエンス

鈴木康弘

モンゴルは第1章にも述べたように、その国土は大自然に抱かれ、日本人から見ればうらやましくなるほど、自然の恩恵の中にあります。しかし一方で、寒冷で乾燥した気候や、決して安定大陸とは言えない地殻変動を考えると、これからのモンゴルのレジリエンスを考える際、「自然との共生」や「災害対策」も重要な検討テーマであることは間違いありません。世界規模の環境変動である地球温暖化の影響も懸念されます。こうした問題についてどのようにとらえるべきかについて、ここで考えてみたいと思います。

1　最も恐れられる寒雪害ゾド

（本節の執筆＝森永由紀、篠田雅人）

ゾドとは

モンゴル人に最も恐ろしい自然災害は何かと尋ねると、「ゾド」という答えが返ってきます。ゾドは家畜の冬越えを阻む異常に厳しい天候や、その際の草原の状態をさし、こうした悪条件によって多くの家畜が死んでしまいます。モンゴルは高緯度にあり平均標高は１５００ｍを超える為10~4月の半年以上にわたって、一日の平均気温が氷点下に下がり、時に氷点下50度まで下がることがあります。一方、年間の降水量は平均200~220㎜と少なく、その9割近くが暖かい季節に集中します。そのため夏に干ばつが起きると家畜は栄養不足になります。秋から春に数十センチ雪が積もって草原を覆い尽くすと、家畜は雪の下の枯れ草を食べられずに餓死してしまいます。モンゴルが寒冷かつ乾燥気候であること、そして草原の植生に頼って放牧しているからこそ起きる災害がゾドであり、長年続けられてきた遊牧をくり返し脅かしてきました。

さまざまなゾド

ゾドの原因はさまざまです。家畜は数日以上連続して草や水を口にできないと死んでしまうので、そのような状況を生むあらゆることがゾドの原因というわけです。以下に、古くから遊牧民が使ってきた言葉から幾つかのタイプのゾドを紹介しましょう。

「白いゾド」とは草が積雪に覆われる状態をさします。草を食べるために雪を掘ることは家畜にとって負担になり、ひどいときには死んでしまいます（写真1）。「鉄（ガラス）のゾド」とは、いったん融けた積雪が再凍結して、地面が硬い氷に覆われる状態をさします。気温が摂氏0度を上下する秋や春に起こりやすくなります。スキー場でみられるカチカチのアイスバーンと同じようなものですが、家畜にとっては氷をヒヅメで割って草を掘り出す必要があるので、

写真１　枯れ草を食べて冬を過ごす家畜（2005 年 1 月　ホスタイ国立公園にて篠田雅人撮影）

かなり負担が大きくなります。「黒いゾド」は積雪がなくて飲み水不足になる状態です。寒候期の家畜は、積雪を食べることで水分を摂取することが多いので、雪がないのも困ります。低温だと川や湖の水が全面凍結してしまいます。水や牧草を求めて長距離移動すると体力消耗が激しく、衰弱してしまいます。

大気の状態にまつわるゾドもあります。家畜が摂取する草の量は、草地の草の密度と食べる時間の積で決まります。雪嵐や砂嵐などの強風、もしくは低温のために家畜が数日間、草地に出られなくなることがあります。また、外に出ても食べていられないような悪天候のときには採食時間が短縮します。こうした状況を「嵐のゾド」とか「寒さのゾド」と言います。

さらに、過放牧が原因の「蹄《ひづめ》のゾド」もあります。これは家畜が草原の草を食べ尽くすことによって起きるもので、春先に起きやすくなります。実際には、これらのゾドが秋から春にかけて次々に起きる複合ゾドもあれば、ゾドが発生した地域から避難した家畜が集中した結果、連鎖的に「蹄のゾド」が起きることもあります。干ばつの夏は草が育たず家畜が弱ります。そして干し草の備蓄もしにくいので、次の冬を越せなくなってしまいます。

青々と草が茂る夏は、ウマやヒツジもうれしそうに草を食み、遊牧民たちの顔も明るく見えます。自然と暮らす彼らにとっては当然のことなのでしょう。

20世紀以降のゾド

モンゴルにおけるゾド研究の第一人者、ナツアグドルジ氏によると、ゾドに関する記録は約2000年前に遡ることができるそうです。1630年代以降の記録はツェデブスレン氏らがとりまとめ、1997年に本にまとめられています。1924年以降、五畜（ヤギ、ヒツジ、ラクダ、ウマ、ウシ）の頭数の記録があります（図1）、1940年代からはゾドの被害の記録もとられるようになりました。図1には大規模なゾドの年を縦線で示していますが、このときに家畜頭数が減っています。

ゾド自体は毎年のように各地で起きていますが、国土の半分以上を占めるような広域でゾドが発生すると家畜の移動もままならなくなり、被害が大きくなります。1940年以降の大規模なゾドとしては、1944～45年、1966～67年、1976～77年のものがよく知られています（小宮山博「モンゴル国畜産業が蒙った2000～2002年ゾド（寒雪害）の実態」日本モンゴル学会紀要）。最近では、1999年から3年続いたゾドで家畜の約3割が死亡しました。2010年のゾドはさらに深刻で、一年で2割強もの家畜が死亡しました。その背景には1990年の家畜の私有化以降、家畜総数が急増したことが関係しているという指摘もあります。

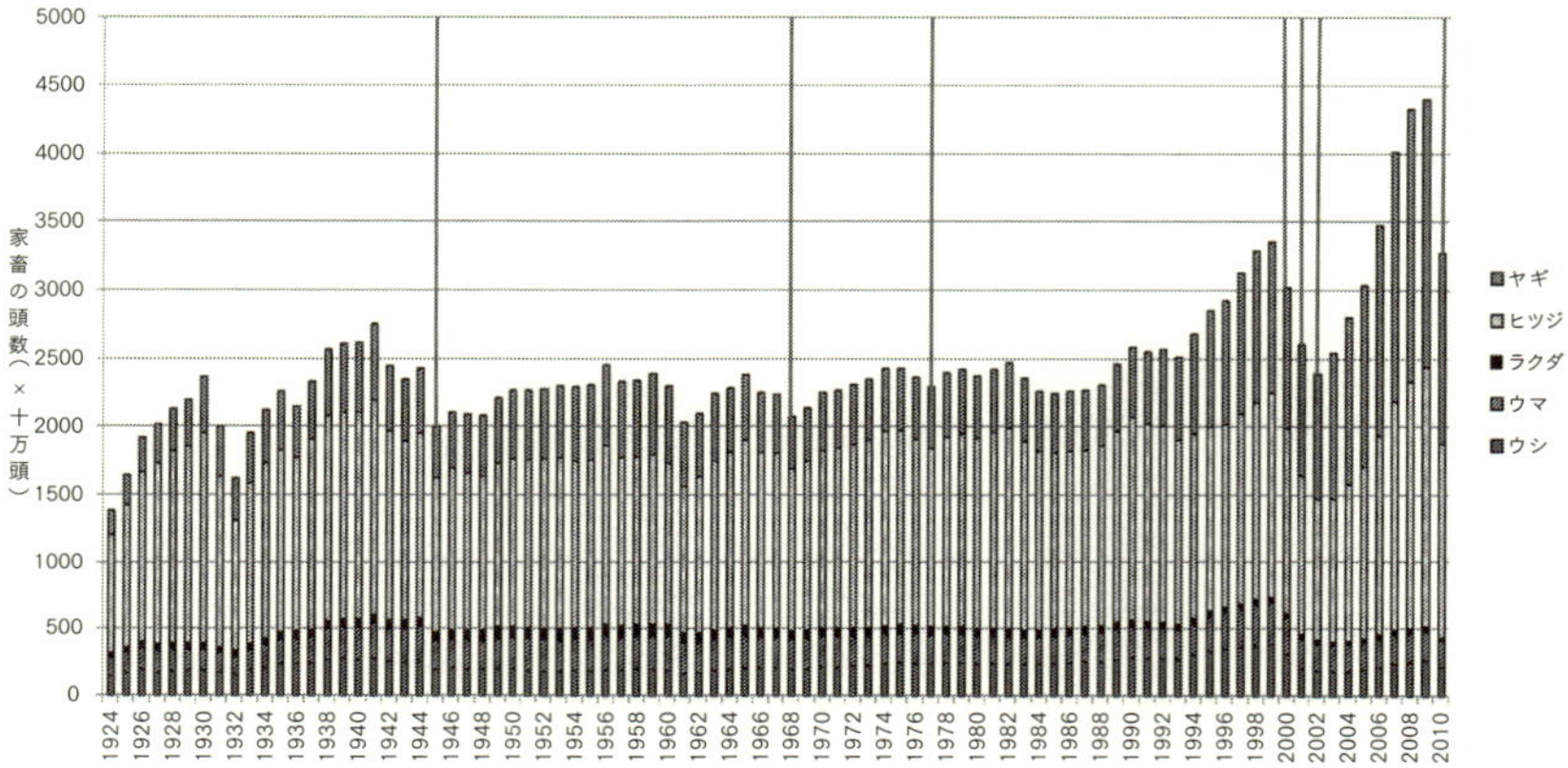

図１　モンゴルにおける1924~2010年の家畜数の推移（ヤギ、ヒツジ、ラクダ、ウマ、ウシ）。縦線はゾドの起きた年を示す。統計はNational Statistical Office of Mongoliaによる

モンゴルでは、草原が家畜を養う能力には限界があり、それを超えて家畜が増えると、ゾドによって調節されるという見方もあります。家畜の数が減れば草原が回復しやすくなるのも事実です。

ゾドが起こる理由として、社会経済的要因も重要です。１９９０年代以降の経済体制の移行後に、経験不足の牧民の数が増えたこともゾドを招く理由のひとつになりました。また市場の利便性や都市の教育・雇用・医療等を求めて、遠隔地から都市周辺へ遊牧民が移動したため、都市近郊や道路沿いで過放牧状態になるなどの問題も起きました。井戸が枯れたり、干し草がなくなったり、獣医が行き届かなくなるなど、牧畜をめぐる社会機能が低下したことも影響しています。一方、ビッジャ氏は、社会主義時代の１９６６～67年、１９７６～77年には天候が厳しかったにも関わらず、政府や旧ソ連から牧民へ干し草が多く提供されたために、被害を軽減できたことを指摘しています。

２０１１年時点の統計によれば、モンゴルでは就業人口の約35％、国内総生産の約15％を農牧業が占め、さらに農牧業生産のおよそ4分の3を牧畜業が占めています。近年鉱業部門の伸びが著しいとはいえ、牧畜は現在もモンゴルの基幹産業であり、多くの人が昔ながらの遊牧を営んでいます。そのような状況の中で、ゾドは極めて大きな影響を及ぼします。牧民にとって家畜は、肉や乳製品の食料、糞は燃料、毛皮は衣類になり、また交通手段でもあり、まさに生活を支える財産です。また、子どもと同じように慈しみをもって育てる対象でもあるため、家

写真２　家畜を自分の子どものように慈しむ牧民（ボルガン県オルホン郡にて森永由紀撮影）

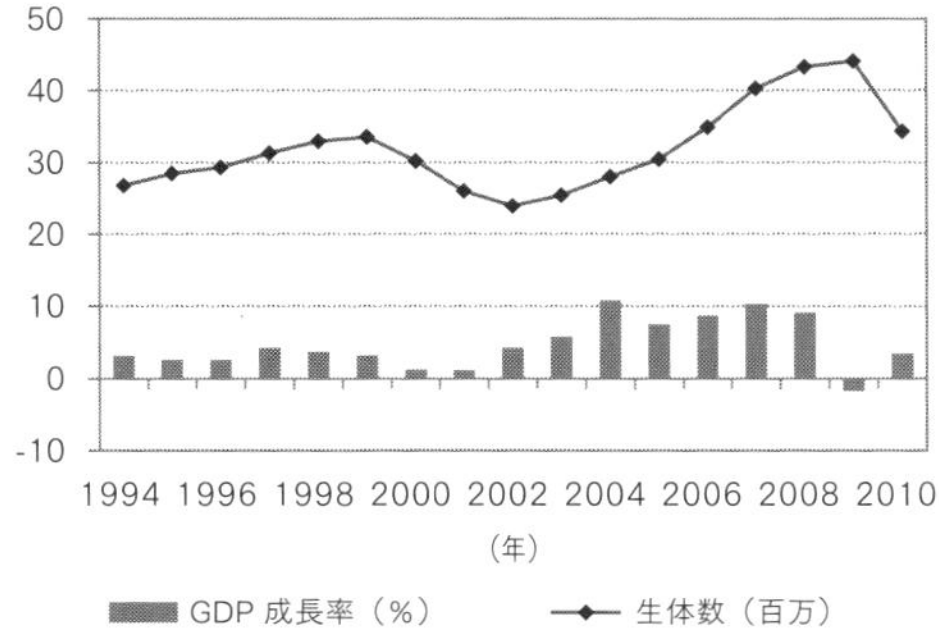

図２　モンゴルの家畜数（五畜の合計）とGDPの推移

畜を失ったときのダメージは心身ともに計り知れないものがあります（写真2）。最近の2回のゾドの影響は、牧民の健康・教育レベルの低下や都市への人口集中も招き、GDPの低下も引き起こしました（図2）。このようにゾドはモンゴル国にとって非常に重要な問題であり、海外からの援助も含めてその対策がいくつも試みられています。

ゾドの予報対策

干ばつ後にゾドが深刻化しやすいことからもわかるように、ゾドは、いわば「忍び寄る災害」とも言えます。突然起きる地震などとは異なり、深刻化する前に先行時間が数カ月以上あります。このため、土壌水分や植生、積雪、家畜の状況などを丁寧にモニタリングすれば災害予測が可能になります。またそれに応じた対策を的確に実施することで、被害を減らすこともできるのです。

モンゴルでは、気象水文環境監視庁の中に気象水文環境研究所があり、天気予報などの現業と研究の両方がおこなわれています。ここが中心となって、研究者たちは1970年代から、旧ソ連の方法を導入して、気温、降水量、土壌水分、植生状況を注意深く観測してきました。1980年代に入ってから牧畜業の振興をめざした牧畜気象学が導入され、牧民に委託して移動しながら観測してもらいデータを集めました。そしてさまざまな科学的観測も導入して、干ばつやゾドの予報をめざす取り組みをおこないました。しかし1990年代には政治・経済体制の移行の影響で一時、観測体制は弱体化し、測器の老朽化もすすみ、牧畜気象観測も形骸化しました。そして1999年からの3年連続のゾドが起きてしまいました。

これを受けて、研究所では早期警戒システムの構築の試みを始めるようになります。それが国際協力機構（JICA）の技術協力プロジェクト「モンゴル国気象予測及びデータ解析のための人材育成プロジェクト」（2005年2月〜2008年9月）として取り組まれ、私たちもこれに協力しました。

このプロジェクトでは、生物量（バイオマス）を多くの地点で計測して、GPSによりその位置情報を正確に知ることによって、従来より細かい郡（ソム）単位で、牧養力に関する地図を作成しました（図3）。かつては、県（アイマグ）単位でデータを平均するしか方法がない状態でした。このような詳細地図は2005年に最初に作られて以来、毎年8月終わりにメディアにも発表され、国内で広く利用されています。新しく作成された詳細な地図を見れば、より近くにある良好な牧草地を探して利用することができます。県の役所がこの地図を用いて、干し草の備えや緊急避難を呼びかけたり、越冬させる家畜数を助言したりして、ゾドの被害を軽減させた事例が報告されつつあります。家畜を一箇所に集中させず、牧草地を広く薄く使うことは、もともと遊牧に備わる重要な伝統知のひとつです。現代技術によって伝統知を発揮させ、ゾドの被害を軽減して、遊牧の持続可能性を高めることが期待できます。

なお、モンゴルと国境をはさんで南側の、中国の内モンゴル自治区では、近年は、草地請負政策による定住化がすすみ、畜産が大きく変化しています。家畜の数もモンゴルを上回る勢い

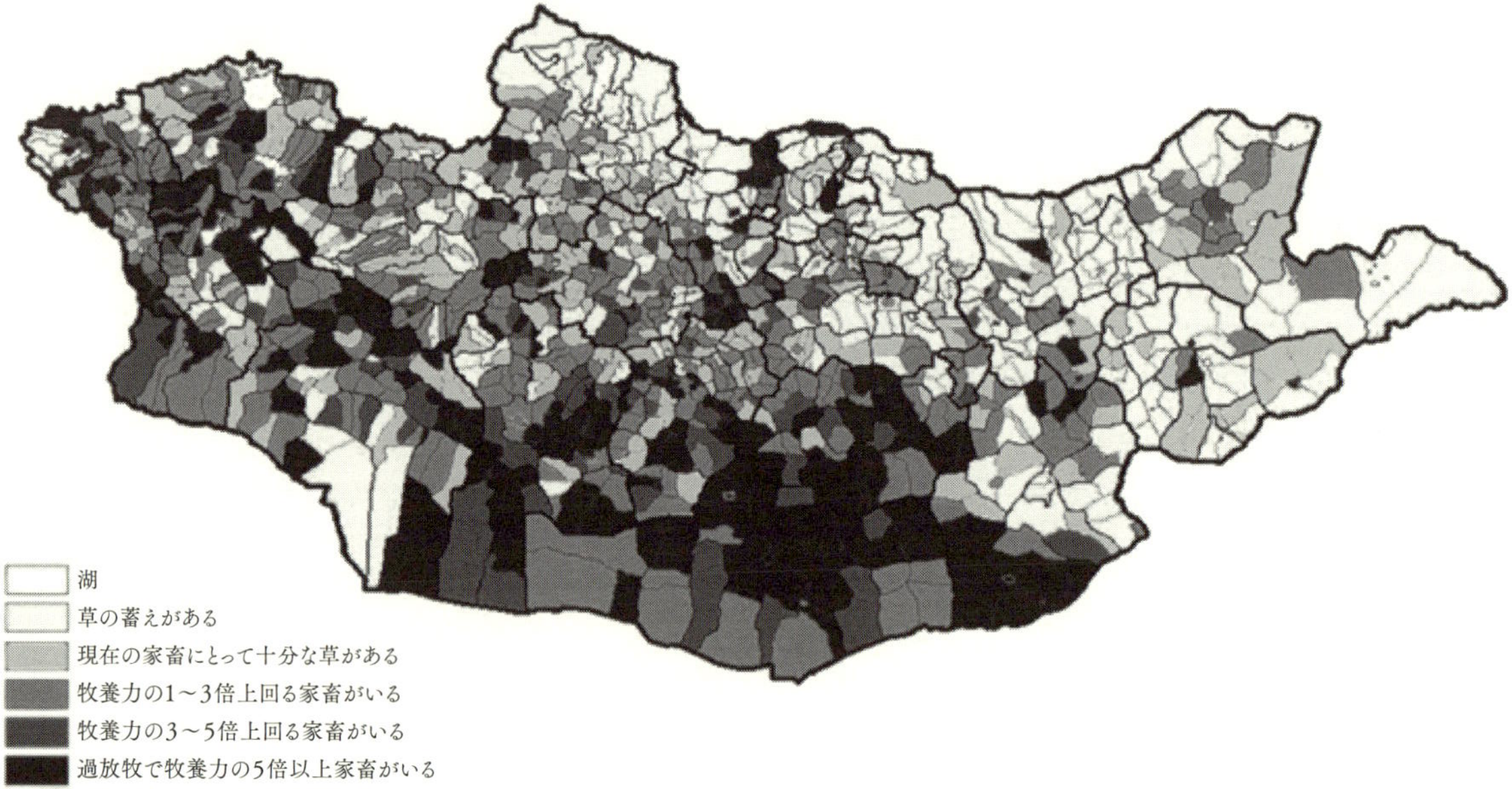

図3　牧養力の分布（モンゴル気象水文環境研究所より2014年8月発表）

で急増しています。井戸を掘削して干ばつの影響を緩和したり、囲いや屋根を設置したり、餌を備蓄するなどしてゾドの被害を抑える取り組みをしているようです。定住化して集約的に家畜を飼うと、厳しい天候下でも家畜を失わなくなりますが、家畜の健康状態や、井戸掘削や定住化による土地への負荷について、長期的にモニタリングしていく必要がありそうです。

地球温暖化とゾド

地球温暖化の進行はどこでも同じではありません。気候変化には大きな地域差があり、モンゴルを含む北半球の中高緯度地域は、世界的にみても近年の地上気温の上昇率が高くなっています。しかも遊牧と天水農業に依存しているモンゴルは、地球温暖化の影響が他地域よりはるかに大きくなる可能性があります。

２０１３年に刊行された資料（Mongolia Assessment Report on Climate Change 2009）により、モンゴルの気候変化について見てみましょう。気象水文環境研究所のゴンボルデフ氏によれば、モンゴルにおける地上平均気温は平均２・１度上昇し、年降水量は10％減少、つまり乾燥化しています。「気候変動に関する政府間パネル」が発表している全球の過去１００年間の地上気温の上昇は０・７度ですから、モンゴルの気温上昇はかなり高いことになります。季節別にみると、冬は暖かくなるものの積雪が増え、夏は高温になり雨が減り、干ばつ傾向にあります。ただし地域差があり、中部や西部で気温上昇が大きく、一方、降水量は中西部では57％も減少したものの、南西部では26％、南東部では20％増加しています。こうした変化の影響により、植生が変化し、氷河や永久凍土が融解し、湖沼や河川が枯渇し、草原は砂漠化し、気象災害が増加し始めています。やがてそれらが牧畜業や農業、林業にもダメージを与えることになります。

温暖化すれば寒い冬は減るかもしれませんが、やはり気になるのは干ばつです。ゴンボルデフ氏が、「気候変動に関する政府間パネル」の温室効果ガスの排出シナリオのうちＡＩＢ（高度経済成長が続き、エネルギー源には化石燃料を含むすべてのエネルギーをバランスよく利用する）を仮定して試算したところ、２０００年からの１００年間で冬の気温は2・6度、夏の気温は2・4度上昇し、降水量は冬が23％増加し、夏は3％増加すると見積もられています。全体的には、夏がより乾燥し冬が温暖になり、干ばつは増えるもののゾドは減ると予測されています。一方、植生変化を考慮した立入郁氏と篠田による２０１２年の研究では、冬季に関してはゴンボルデフ氏の予測と一致するものの、夏は気温が上がり降水が減るとしています。しかし植生量は増えるために干ばつは抑えられるだろうと予測しています。

将来予測には不確実性があるため、対策は慎重に進める必要があります。将来予測の確度を高めるためにも、過去70年間の気象データを用いて、世界でも類のない速度の温度上昇がみられたこの地域で、遊牧をとりまく生態系がどう変わったかを、社会経済的要因を考慮しながら、さらに精査する必要があります。(1)

注

（1）詳細は以下の文献を参照してください。
森永由紀「温暖化対策――国づくりは成功するのか」、小長谷有紀・前川愛編著『現代モンゴルを知るための50章』明石書店、225－229ページ、2014年
森永由紀「寒雪害（ゾド）」、『新世界地理――大地と人間の物語』（第2巻、アジアⅡ東北アジア、境田清隆・佐々木史郎・岡洋樹編集）朝倉書店、2009年
篠田雅人・森永由紀「モンゴル国における気象災害の早期警戒システムの構築に向けて」「地理学評論」78、928－950、2005年
森永由紀・篠田雅人「モンゴルの自然災害ゾド――気候学からみたモンゴル高原」「科学」73、573－577、2003年

【column】永久凍土

檜山哲哉

寒冷地で地面が一年中凍結している場合、これを永久凍土と呼びます。自然災害として意識されることは多くありませんが、都市化や地球温暖化に伴ってこれが融け始めると、不同沈下の原因となり災害をもたらすことがあります。モンゴルは世界的な永久凍土の分布から見ると縁辺部に位置し（図1）、部分的に凍土が存在する位置にあります。このような微妙な場所にあるからこそ、今後の地球温暖化の影響も懸念されます。

永久凍土とは、専門的には2年以上温度が0度を上回らない土壌のことを言います。永久凍土は、ユーラシア大陸北部（以下、北ユーラシア）、北米大陸北部、チベット高原に主に存在しています。東シベリアを含む広い範囲では永久凍土の厚さは最大200m以上にもなり、東シベリアのレナ川流域の一部と北極海沿いでは500m以上もあります。一方、西シベリアのオビ川の上流域や中流域には点在的に凍土が存在するのみで、本格的な永久凍土は下流域（北極海沿岸域）のみに分布しています（図1）。

北ユーラシアの永久凍土がこのような分布に至った理由は、大陸を覆った過去の氷床の分布に答えを見つけることができます。氷床は大気と地面とを断熱的に隔離するため、陸地が氷床に覆われると、冬などの寒い時期に地面は低温から守られます。逆に、氷床が存在しないと地面は低温になり、凍土が発達しやすくなります。北ユーラシアは、最終氷期（約7万年前~1万3000年前）にスカンディナビア氷床に覆われましたが、東側には山脈氷河を除いて全域を覆う大陸氷床は存在しませんでした。そのため、東シベリアの大地は冷やされ、広範囲に分厚い永久凍土が形成されました。

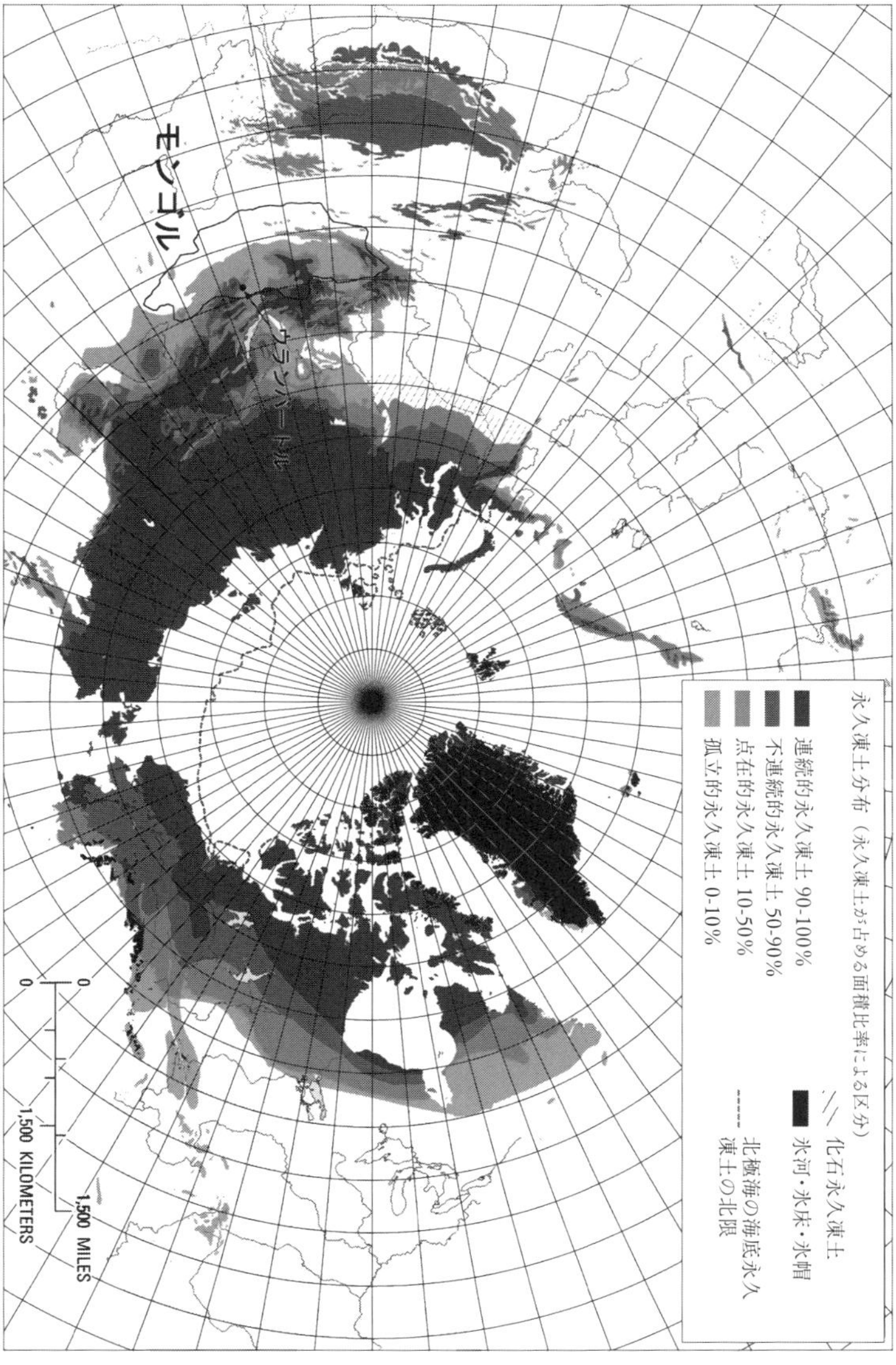

図1　永久凍土の分布図（USGS Professional Paper 1386-A から引用）

東シベリアの南に位置するモンゴルでは、国土の約3分の2に永久凍土が分布します。そして寒い季節のみ凍土になる季節凍土も存在します。興味深いことに、モンゴル北部の山地では、北向き斜面に永久凍土が分布し、そこにカラマツが生育しているのに対して、南向き斜面には季節凍土があるだけで草原になっています。永久凍土の表層部分は、暖かい季節に0度以上になることで活動層（融解層）が形成されます。この活動層は、モンゴルのように少ない降水量でも土の中に水を保持してくれます。つまり北向き斜面では、カラマツが永久凍土を日射の暴露から守りつつ、活動層の中の水を使いながら生育することができます。一方、南向き斜面は日当たりが良く、温度が上がりやすいため永久凍土にはならず、土の中に水が保たれにくくなってカラマツが生育できません。モンゴル北部の北向き斜面には、カラマツと永久凍土との間に、絶妙な共存関係が保たれていると言えましょう。

モンゴルでは、地球温暖化の進行によって凍土の温度上昇が進んでいます。このまま温暖化が進行していけば、いずれ北向き斜面の永久凍土も消滅しかねません。永久凍土が消滅してしまえば、そこにカラマツは生育できなくなってしまいます。そうなると、水と熱の循環が大きく変化して、モンゴルの気候が激変する引き金にもなりかねません。

注

図1は、IPA Circum-Arctic Map (Brown et al., 1997) に基づき、Dmitri Sergeev (UAF) が作図したものである。
http://pubs.usgs.gov/pp/p1386a/gallery5-fig03.html

2　希に起きる大地震

モンゴルの地殻変動

ウランバートルから南へ300km離れたドンドゴビへ1998年に行ったとき、ゲルの中で「日本で最も恐ろしい災害は地震ですが、モンゴルではどうですか？」と遊牧民に尋ねてみました。すると彼は首を横に振って、「地震は怖くない。西の方では地震が起こるようだけどね」と答えてくれました。ゲルの造りをみると、たとえ地震が来ても倒れなさそうだなとか、万が一倒れても「痛い」で済んで、またすぐに立て直せそうだなとか、妙に合点がいってしまいました。そして識字率が97％と高く、遊牧民ならではの情報通でもあるため、西部で起きた地震のこともまでよく知っているなあと感心したものでした。

46億年前に地球ができて以来、様々な地殻変動の結果、大地のいたるところに「断層」ができ、その一部は現在もなお活動を繰り返します。それを「活断層」と呼びます。大きな地震はこうした活断層がずれることによって起きることが知られています。

モンゴルは一見、安定した大陸の奥にあると思いがちですが、ここでも複雑な地殻変動が起きています。ひとつはインド・プレートとユーラシア・プレートがぶつかって隆起を続けるヒマラヤ山脈の北側に位置するため、押し合う力が延々と及んでいる影響です。モンゴルにはアルタイ山脈など古い時代に成長した造山帯があり、その頃に生じた断層が多数あります。そこに力が働いて、現在も断層が活断層として再活動を起こしているのです。もうひとつは、ロシアのバイカル湖のように地溝ができる地殻変動です。そこでは大地が断層を境にして開き、落ち込んだ部分が地溝となり、深い湖が形成されています。モンゴルのフブスグル湖なども同じような地殻変動によってできています。

20世紀の地震と活断層

モンゴルでは20世紀以降の地震年表が残っています。とくに1920年代以降はソ連の影響下に入ったため地震観測記録もしっかり残るようになったようです。また1964年以降は地震観測網が充実し、規模の比較的小さな地震までとらえられるようになりました。

地震年表の最初は1905年7月9日にフブスグル県西部を震源に起きたM8・0の地震です（表1）。その2週間後にはオブス県東部でもM8・4の地震が起きました。地面には最大14mもの大きな横ずれ（左横ずれ）が生じ、あちこちで陥没が起きて家畜が落ちて命を落としたりしたそうです。

この2つの地震は、ブルナイ断層上で連動して起きたものでした。この断層は東西方向に延

表 1　モンゴルの 20 世紀の主な地震（M5.5 以上）
GEOGRAPHIC ATLAS OF MONGOLIA による

年月日	M	震源地	最大推定震度
1905.7.9	M w 8.0	ザブハン県／フブスグル県	10-11
1905.7.23	M w 8.4	オブス県	11-12
1931.8.10	M w 8.0	中国	10
1950.4.4	M w 6.9	ロシア	
1957.2.6	M s 6.5	セレンゲ県	
1957.12.4	M w 8.1	バヤンホンゴル県	11-12*
1958.6.23	M s 6.2	ボルガン県	
1960.12.3	M s 6.7	ウムヌゴビ県	
1963.10.29	M s 5.8	ホブド県	
1966.5.10	M s 5.8	ロシア国境／フブスグル県	
1967.1.5	M w 7.0	ボルガン県	10**
1967.1.20	M w 6.4	ボルガン県	
1970.5.15	M w 6.2	オブス県	
1972.2.26	M s 5.7	ロシア	
1974.7.4	M w 6.4	ゴビアルタイ県／ホブド県	9
1974.12.18	Mb 5.6	ボルガン県	
1980.12.15	M w 5.5	中国	
1986.11.4	M w 5.5	ロシア	
1988.7.23	M w 5.7	バヤンウルギー県	
1991.12.27	M w 6.3	ロシア国境／フブスグル県	
1995.6.29	M w 5.7	ロシア	
1996.3.12	M w 5.5	バヤンウルギー県	
1998.9.24	M w 5.5	ドンドゴビ県	

* ウランバートルでは 4
** ウランバートルでアパートに被害

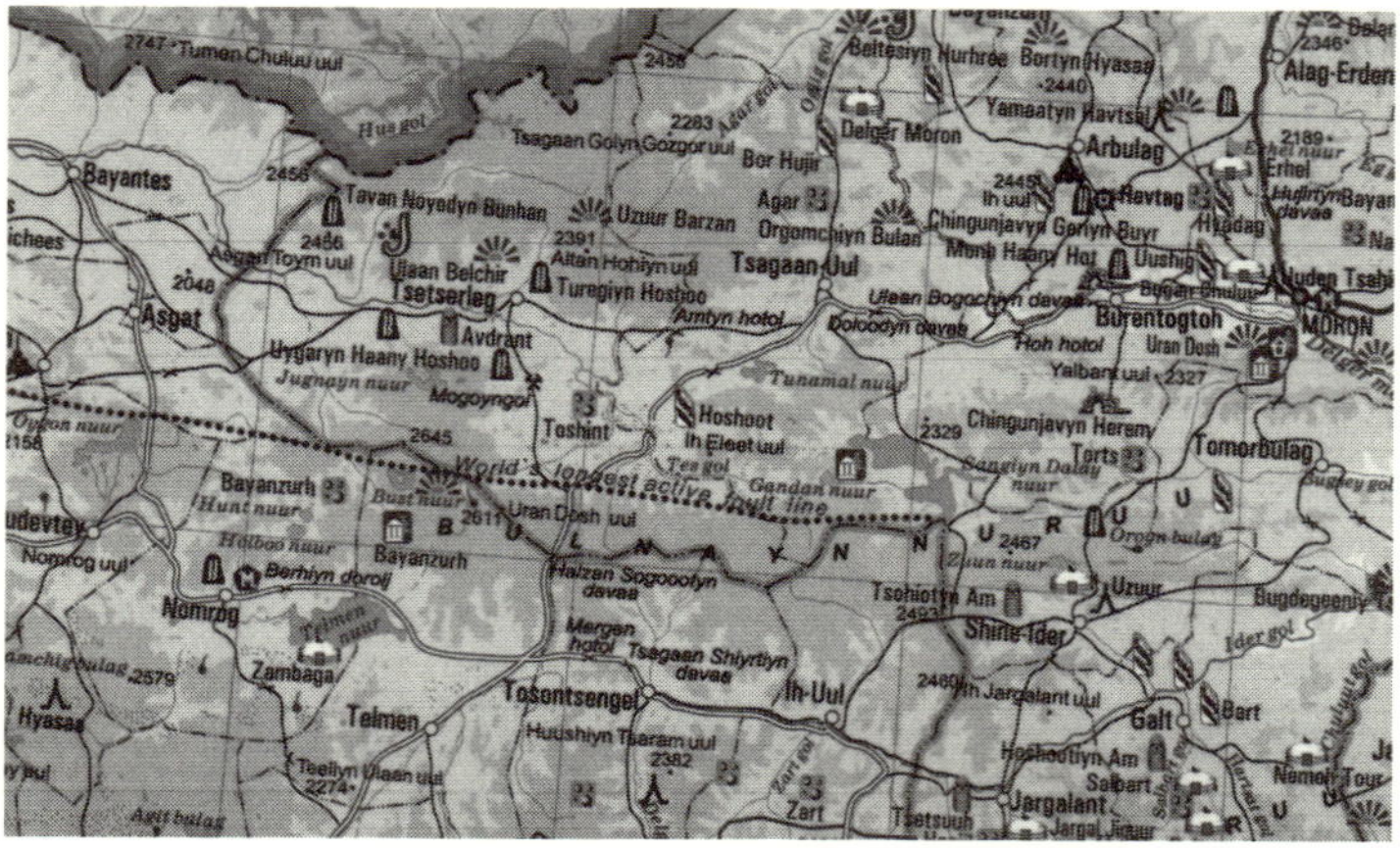

図４　観光地図に描かれた「世界最長」のブルナイ断層

び、総延長は何と４００㎞にものぼります。こんなに長い活断層が陸上で一挙に動くことは滅多にありません。その存在は知っていたのですが、１９９８年に最初にモンゴルへ行ったとき、ホテルの売店で見かけた観光地図に「World's longest active fault line」と書かれていて驚きました。「いったいどんな活断層なんだろう。地図に書かれるということはどういうことなのか？　一度は見てみたい！」と大いに興味を持ちました（図４）。

この断層沿いはモンゴルの中でも一番地震が起こりやすい場所のひとつです。２００９年に念願叶ってモンゴル地理学研究所のエンフタイワンさんと通訳のナルマンダフさん、後藤秀昭さん（広島大学）、杉戸信彦さん（法政大学）らと、ブルナイ断層を訪れることになりました（写真３）。飛行機でムルンまで飛び、ここからジープで約４００㎞、この断層を追って西へ向かいました。

１９０７年の地震の際の左ずれは地面にまだくっ

きりと残っています。この地震の際に10m以上もずれた場所がありますが、重要なことは一回のずれだけではとても説明できない大きな地形のずれが見つかることです。場所によっては数百メートルもある窪地や、盛り上がった地形も見つかりました。こうした地形が延々とほぼ一直線に続きます（写真4）。遠くから見ても誰の目にもはっきりと見え、これなら観光地図にも書かれるわけだと納得しました。

写真3　2009年のブルナイ断層調査メンバー

写真4　ブルナイ断層に沿う1905年の地表地震断層の痕跡

写真５　1905年の地震でできた池に集う馬たち

我々の研究目的は、この断層がどれくらいの間隔で活動を繰り返しているかということでした。１９０７年に10m程度ずれたことがわかっている場所で地形を細かく観察すると、20mほどずれている谷が見つかりました。この谷が流れていた時期以降に、２回の断層のずれが起きたということになります。谷底の地層を掘って採取して年代を測定したところ、約１５００年間隔で活動していることがわかりました。断層でずれた地形は、このように我々に重要なことを教えてくれます。

調査地点を見下ろす丘の上にテントを張って野宿しながら調査していました。ある朝、調査地点へ行こうとしたら、目の前に雄大な景色が見えました。遠方に静かな湖面が広がり、その手前に断層が走り、これに沿って細長い池が見えます（写真５）。その池へ向かって湖の方から数十頭の馬たちが歩いてきました。そしてみんな並んでその池の水を飲み始めました。馬たちはその池が断層

写真6　ゴビ・アルタイ断層の動きに伴う地形のずれ（オンドゴン・ハイルハンにて杉戸信彦氏撮影）。断層は1957年の地震の際に左ずれ5～6m、上下方向に5mずれた。地形にはその何倍ものずれがあることから、繰り返し活動していることがわかる

でできたとは知らないでしょうが、なんとのどかな光景か……。これが「自然との共生」そのものだ……と思えてきました。

ブルナイ断層沿いの次に地震が多いのは、モンゴル・アルタイ〜ゴビ・アルタイ山脈沿いです。ここで起きたのが1957年12月の地震です。このときも300kmにも及ぶ活断層が最大7mずれ、地震の規模はM8・1にもなりました。大地は断層を境に左にずれるとともに、ゴビ・アルタイ山脈が隆起するようなずれも起こりました（写真6）。2006年にエンフタイワンさんと、チンギスハーン大学のスフバートルさんに案内してもらって、断層に近い町ボグドへ行きました。10km近く

写真7　ゴビ・アルタイ断層の活動の痕跡（扇状地が持ち上げられている）

写真8　1957年の被害状況を知る遊牧民（右）に話を聞く地理学者スフバートル氏（左）

離れた場所からも断層は明瞭に見えていました（写真7）。このあたりは乾燥が激しく、麓の低地の中にある湖はどんどん縮小していました。近くでゲルを張って暮らしている遊牧民（76歳）に尋ねると、1957年の地震のことを覚えていて、山の麓に大きな亀裂ができて、亡くなった人もいるということを話してくれました（写真8）。

このとき一緒に行った日本側のメンバーは、杉戸さん、後藤さん、廣内大助さん（信州大学）でした。2台のジープに分乗して、道に迷いながらの珍道中が続きました。「あっちへ行こう」と言うと、運転手は道などない大地をガンガン突っ走ります。日が暮れると星だけが道しるべです。ウランバートルからボグドへ向かう際、2台バラバラになってしまい、夜中に荒野を走っても一向に目的地への道が見つからなくなってしまいました。深夜2時まで走って、もうこれ以上は無理だと判断して、車を止めて野宿をしました。翌朝、目を覚ましてびっくり。車の数十メートル前方で道が途切れていました。そのままあと数秒走っていたら断崖から真っ逆さまになっていたかもしれないと思うとぞっとしました。

帰国後、コロナという衛星写真を大量に購入しました。これはアメリカが1960～70年代に運用した偵察衛星が撮影したもので、今では一般に売られています。隣り合うコースで撮影された写真を使うと地形が立体的に見えるので、これでゴビ・アルタイ断層の分布図をつくりました。断層の動きによってできた特徴的な地形がよく見えて、1957年に地震を起こした断層がどういうものかわかってきました。これはゴビ・アルタイ山脈～モンゴル・アルタイ山脈の麓を走る1000km以上にもなる活断層のごく一部でした。ボグドから西方へ延々と続く

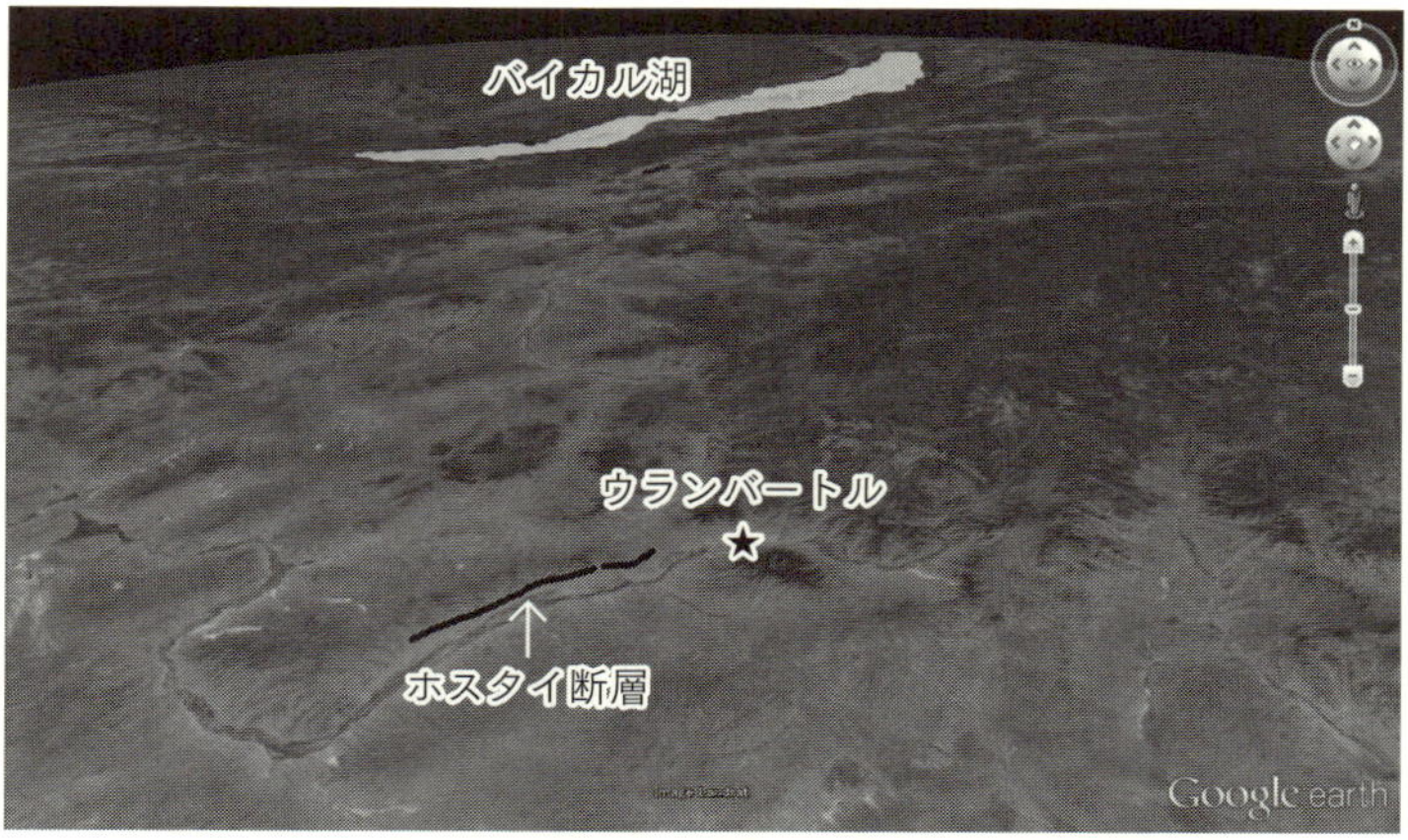

図5　ウランバートル近郊のホスタイ断層（Google Earth）

活断層はどのような活動を繰り返してきたか、1957年には動かなかった活断層は次にいつ動くのかを、さらに調査をする必要があります。

最北部のフブスグル県付近でも地震がよく起こっています。ここに風光明媚なフブスグル湖がありますが、これはロシアのバイカル湖と同様の地溝湖です。地溝湖は断層の動きに伴って少しずつ開いて陥没した場所にできます。その断層が動くとき、大きな地震が起こります。

モンゴル中部のウランバートル周辺でも、地震は少なくありません。ウランバートルの西300㎞付近のボルガン付近では1958年（M6・2）、1967年（M7・0とM6・4）、1974年（M5・6）に比較的大きな地震が起こっています。モンゴルの資料によればこの付近には南北方向の活断層があり、地震時には右横ずれが起こったようです。モンゴルに南北方向の活断層は少なく、その位置づけは今のところよくわかりません。1967年の地

写真9　ホスタイ断層（断層で隆起した岩盤が露出している）

震ではウランバートル市内でもアパートの壁にひびが入ったそうです。

さらに、ウランバートルから50～100㎞南西にも、ホスタイ断層があることが最近わかってきました（図5）。この断層は北東～南西方向に延び、北西側を隆起させています。2013年8月にエンフタイワンさんと杉戸さんと松多信尚さん（岡山大学）と一緒に行ってみると、この付近はモンゴルの野生馬を保護する国立公園になっていました。いつもと同様、ジープの運転手は山があっても谷があってもひたすら一直線に目的地へ行こうとして、衛星写真で事前にチェックした山の麓の断層沿いの道をたどるのはひと苦労でした。ようやくたどり着いたその場所には、断層面が露出して壁のようにそそり立っていました（写真9）。このようによく見えるものは古い断層であることが多いので、確実に最近の活動の痕跡だと言えるものを注意深く探しました。その結果、山麓の扇状地も変形していることが見つかり、この断層が最近も活動的な活断層であることは確かだということがわかりました。

東部（ヘンティ県、ドルノゴビ県、スフバートル県、ドルノド県）では地震発生は少ないようです。それでも全く起こらないわけではなく、M５以下の地震はどこでもまんべんなく起こっています。

今後の地震対策を考える

20世紀の前半に２つもM８クラスの大地震が起きたこと、後半には起きなかったこと、あるいは西部でのみ起こっていることについて、どのように理解したらよいかについては議論の余地がありそうです。２つの大地震が起きたのは旧ソ連の影響が強い時代で、地震直後にソ連から調査団が入りました。その結果、詳細な記録が残されたわけですが、19世紀以前となると状況が異なります。このため20世紀の前半だけが異常なのか、あるいはそれが定常なのかということも判断がつきません。

また活断層は西部や北部に多く、東部にはあまりないことは確かですが、中部ではどのような分布になっているかまだ確定的なことは言えない状況です。ウランバートルの西３００㎞付近で先述のように１９５８～74年に何度も地震が集中的に起きたことや、ウランバートルの南西50～１００㎞付近にあるホスタイ断層などをどう考えたらよいか。さらに、もっと近い場所にはないのかどうかなど、これから解明しなくてはならない問題が残っています。

ウランバートルも大地震に決して無縁ではないのかもしれません。歴史上、大地震の記録がないだけに危機感が持たれることがなく、地震対策の必要性が理解されにくいことが気がかりです。草原における伝統的なゲル生活が地震に強かったことも、地震は怖いという記憶を留めなかった理由かもしれませんが、都市に多くの人が暮らすようになり、脆弱性が遙かに高まっていることを忘れてはいけません。活断層は大地震が起こる場所を教えてくれる貴重な情報です。地震防災を考えるための第一歩として、地理学研究所のエンフタイワンさんと私たちは、航空写真や地図を丹念に観察して、モンゴルのより詳細な活断層分布図をつくる作業を続けていこうと考えています。

エピローグ

私たちはそれぞれモンゴルに惹かれて、そこで調査をするようになりました。普通、研究者は何か明らかにしたい研究テーマが先にあって、それから調査地を決めるのですが、モンゴルに限っては逆だったかもしれません。

満天の星空にあまりに星数が多くて星座がわからない困惑や、日が暮れてから東の空に登る満月の明るさにまぶしいと目を細める経験は、日頃の常識を覆すほどの驚きでした。ゲルの中で遊牧民に振る舞われる酒は、天と地にひとしずくずつ捧げてから飲みなさいと教えられ、ろうそくの光の中で見るゲルの家長の威厳のある横顔に感動し、牛糞拾いや家畜の世話をせっせと手伝う少女たちに感心し、裸馬を上手に乗りこなして丘の頂上まで駆け上がる少年に拍手を送りたくなりました。モンゴルへ調査に来ると、研究成果以上に多くのことを学んで、あっという間に15~20年が過ぎました。

この間、ウランバートルから100㎞ほど離れた草原に住む遊牧民一家を訪ねてきました。その家の家長ナイダンスレンさんは寡黙で穏やかな人で、たくさんの家畜を育て、幸せな家庭を築いて、2006年に生涯を全うされました。訃報を聞いて私たちはお悔やみに行き、つくづく彼の存在の大きさを感じてお母さんと泣きました。そんな父親の背中を見て育った息子2人は遊牧を継ぎ、娘3人は大学へ進学後、それぞれの道で活躍しています。

ゴビに住む遊牧民フーへニーさんの一家にもお世話になりました。草もまばらな乾燥地帯でラクダと暮らしていました。孫娘は初めて会った時は15歳でしたが、その後、ウランバートルの大学へ進学し、すっかり美人になり、オーストラリア人と結婚して今はタスマニアに住んでいます。海を越えて異国で暮らす彼女は、「生まれ故郷のゴビが最も美しい」と言い、祖国を誇りに感じています。

私たちは長年ばらばらに調査をしてきましたが、2013年に、レジリエンスを考えるプロジェクト（文部科学省GRENEプロジェクト）の一環として、代表を務める林良嗣先生と一緒にモンゴルへ行く機会があり、モンゴル国立大学教授のバトトルガさんと、急激に変わりつつあるウランバートルの町を見て歩きました。日本が協力してつくった「太陽橋」、ウランバートルから南へ延伸される高速道路、その先にある新空港建設予定地、新たな拠点として仏塔の建設が進むイフ・マイダル。さらに地下鉄建設計画やゲル地区再開発計画……。ウランバートル市役所で担当者とも議論しました。そのときの訪問は具体的に何かの研究を始めるための相談でも依頼でもなく、ただ純粋にモンゴルの将来について研究者として協力できることはないかとの思いからでした。市役所からは一極集中の是正や地方との均衡のある開発計画について一緒に研究したいという意向も示されました。

そのことがきっかけでモンゴル国立大学と名古屋大学は、レジリエンス共同研究センターを立ち上げようということになり、２０１４年にはモンゴル国立大学の一室に準備室を構え、９月15日にはプレオープンシンポジウム「東日本大震災から学ぶレジリエンスの重要性」を開催しました。会場には学生を中心に１００人以上が集まり、活発な議論が始まりました。編者のひとり鈴木は、東日本大震災により日本人がいかに衝撃を受けたか、そして近代化の中でレジリエンスが低下したことこそが問題であり、それを回復させたいと願っていることを話しました。次いで稲村は、アンデスやペルーの古代人の暮らしの中にレジリエンスのヒントがあること、モンゴルは伝統的に遊牧生活の中にそれを身につけていて、遊牧民の伝統は将来のモンゴルの都市においても重要だというメッセージを伝えました。最後にバトトルガ教授が学生に向かって、レジリエンス研究センターは考えるヒントやノウハウを今後提供していくと話しました。これに対してモンゴル国立大学関係者や、研究機関の研究者から賛同の声が上がりました。

今後のモンゴル社会のレジリエンスを構想するのはモンゴルの若者たちです。日本からさまざまな視点を提供し、日本の若者にも参画を促してモンゴルのレジリエンスについて考えてもらいたいと思います。また同時に我々自身のためにも、モンゴルの遊牧民から「レジリエンスとは何か」を学びたいと思っています。

このような取り組みを応援していただいたモンゴル国立大学のガルトバヤル前学長、バトフー副学長、名古屋大学の濱口道成総長ならびに理事・副総長、名古屋大学国際部の職員の皆さんに御礼申し上げます。

読者の方には、この本がレジリエンスとは何かを考えるきっかけになればと願っています。

風媒社の林桂吾さんには原稿について貴重なご助言をいただきました。出版の機会を与えていただいたことに厚く御礼申し上げます。

編者一同

［著者略歴］
バトトルガ・スヘーギーン
モンゴル国立大学教授、国際関係行政学部長
モンゴル国立大学国際関係学部卒業、愛知県立大学大学院国際研究科博士後期課程修了。
博士（国際文化）、専門は文化人類学。

森永由紀（もりなが・ゆき）
明治大学商学部教授、明治大学大学院教養デザイン研究科兼担
筑波大学大学院博士課程地球科学研究科中退、博士（理学）
専門は気候学、環境科学。

篠田雅人（しのだ・まさと）
名古屋大学大学院環境学研究科教授
東京大学大学院理学系研究科地理学専攻博士課程単位修得退学、博士（理学）
東京都立大学助教授、鳥取大学乾燥地研究センター教授を経て現職。専門は気候学、乾燥地科学。

檜山哲哉（ひやま・てつや）
名古屋大学地球水循環研究センター教授
筑波大学大学院博士課程地球科学研究科修了、博士（理学）
人間文化研究機構総合地球環境学研究所研究部准教授を経て現職。専門は水文学。

［編者略歴］
石井祥子（いしい・しょうこ）
名古屋大学環境学研究科研究員
名古屋大学大学院文学研究科人文学専攻博士後期課程修了、博士（文学）。
2000年からモンゴルで遊牧と都市に関する文化人類学の調査研究に従事。著書に『レジリエンスと地域創生——伝統知とビッグデータによる国土デザイン』（2015、明石書店、共著）など。

鈴木康弘（すずき・やすひろ）
名古屋大学減災連携研究センター教授、総長補佐、日本学術会議連携会員。
東京大学大学院理学系研究科地理学専攻博士課程単位取得退学、博士（理学）。日本・モンゴル・サハリン・中国・台湾・トルコなどで活断層調査に従事。地震調査研究推進本部専門委員、原子力規制委員会外部有識者を務める。著書に、『原発と活断層』（2013、岩波書店）、『防災・減災につなげるハザードマップの活かし方』（2015、岩波書店、編著）、『レジリエンスと地域創生』（2015、明石書店、共編著）など。

稲村哲也（いなむら・てつや）
放送大学教授、日本学術会議連携会員、愛知県立大学名誉教授、名古屋大学客員教授。
東京大学大学院社会学研究科博士課程単位取得退学。アンデス、ヒマラヤ、モンゴルなどで、主として牧畜文化に関する文化人類学の調査研究に従事。著書に、『ヒマラヤの環境誌——山岳地域の自然とシェルパの世界』（2000、八坂書房、共著）、『続・生老病死のエコロジー——ヒマラヤとアンデスに生きる身体・こころ・時間』（2013、昭和堂、共編著）、『遊牧・移牧・定牧——モンゴル、チベット、ヒマラヤ、アンデスのフィールドから』（2014、ナカニシヤ出版）など。

＊本書の内容のベースとなった研究や研究センター設立には、
下記の研究助成による支援を受けました。

文部科学省大学発グリーンイノベーション創出事業（GRENE）「環境情報技術を用いたレジリエントな国土のデザイン」（代表：林良嗣、名古屋大学教授）、2014年度名古屋大学総長裁量経費（国際関係）。文部科学研究費補助金として代表的なものとして、基盤研究B「モンゴルのプレート内最大級地震断層と活断層に関する変動地形学的研究」（2006～2008年度、代表：鈴木康弘）、基盤研究B「アジアの山地・森・草原における環境をめぐる「地方の知」と政策に関する人類学的研究」（2000～2002年度、代表：稲村哲也）、基盤研究S「乾燥地災害学の体系化」（2013～2017年度、代表：篠田雅人）、基盤研究B「モンゴルの「遊牧知」の検証と気象災害対策への活用」（2011～2014年度、代表：森永由紀）、若手研究B「東ユーラシアにおける土地被覆と大気境界層の変動に関する地理学的研究」（2004～2005年度、代表：檜山哲哉）など。

装幀／三矢千穂

草原と都市　変わりゆくモンゴル

2015年3月21日　第1刷発行　（定価はカバーに表示してあります）

編　者　石井祥子
鈴木康弘
稲村哲也

発行者　山口　章

発行所　名古屋市中区上前津2-9-14　久野ビル
電話 052-331-0008　FAX052-331-0512
振替 00880-5-5616 http://www.fubaisha.com/
風媒社

乱丁・落丁本はお取り替えいたします。　＊印刷・製本／シナノパブリッシングプレス
ISBN978-4-8331-0569-9